高等职业教育“十三五”精品规划教材

ITMC企业经营决策沙盘模拟实训教程（第二版）

主　编　方　艳　邓文博

副主编　叶影霞　刘　浩　高会生

中国水利水电出版社
www.waterpub.com.cn
·北京·

内 容 提 要

本书是基于ITMC企业经营管理沙盘编写的实训教程，总体设计思路是按照“工学结合”人才培养模式的要求，采用工作过程导向——工作过程系统化课程的设计方法，按照企业经营沙盘模拟的工作过程循序渐进设计工作任务，每个工作任务贯穿基础知识和方法、经营策略和分析工具，注重学生技能和素质的培养。

本书是编者根据多年从事沙盘教学和指导沙盘大赛的经验而编写的，旨在运用仿真模拟、角色扮演、导师指引、案例分享、角色互换、任务驱动等方式，综合运用管理知识、分析工具和方法，训练学员的战略管理、市场营销、财务管理、生产运作、物流管理、市场信息收集与运用等技能，全面提高学员的综合素质。

本书主要适用于初学者，以及具有一定知识基础和准备参加沙盘比赛的各层次的高职高专学生、教师和企业参训人员。

本书配有免费电子教案，读者可以从中国水利水电出版社网站以及万水书苑下载，网址为：http://www.waterpub.com.cn/softdown/或 http://www.wsbookshow.com。

图书在版编目（CIP）数据

ITMC企业经营决策沙盘模拟实训教程 / 方艳，邓文博主编. -- 2版. -- 北京 : 中国水利水电出版社，2018.5（2020.1重印）
高等职业教育“十三五”精品规划教材
ISBN 978-7-5170-6483-1

Ⅰ. ①I… Ⅱ. ①方… ②邓… Ⅲ. ①企业经营管理－计算机管理系统－高等职业教育－教材 Ⅳ. ①F270.7

中国版本图书馆CIP数据核字(2018)第114896号

策划编辑：陈红华　责任编辑：封　裕　加工编辑：周益丹　封面设计：梁　燕

书　　名	高等职业教育“十三五”精品规划教材 ITMC 企业经营决策沙盘模拟实训教程（第二版） ITMC QIYE JINGYING JUECE SHAPAN MONI SHIXUN JIAOCHENG
作　　者	主　编　方　艳　邓文博 副主编　叶影霞　刘　浩　高会生
出版发行	中国水利水电出版社 （北京市海淀区玉渊潭南路 1 号 D 座　100038） 网址：www.waterpub.com.cn E-mail：mchannel@263.net（万水） sales@waterpub.com.cn 电话：（010）68367658（营销中心）、82562819（万水）
经　　售	全国各地新华书店和相关出版物销售网点
排　　版	北京万水电子信息有限公司
印　　刷	三河市鑫金马印装有限公司
规　　格	184mm×260mm　16 开本　12.5 印张　314 千字
版　　次	2013 年 8 月第 1 版　2013 年 8 月第 1 次印刷 2018 年 5 月第 2 版　2020 年 1 月第 2 次印刷
印　　数	3001—6000 册
定　　价	30.00 元

前　言

随着社会经济的快速发展，对经管类人才的需求量越来越大，对其能力、素质的要求越来越高。然而，教学活动中重理论教学、轻实践教学的问题，使能力素质培养成为经管类人才培养的一个巨大瓶颈，致使毕业生走上工作岗位后，磨合期长，适应性差，难以迅速进入工作状态，难以满足实际工作的要求。

针对传统教学方法的弊病，教育部为改变这种情况，出台了若干文件。教育部在《教育部关于推进高等职业教育改革 创新引领职业教育科学发展的若干意见》中指出："继续推行任务驱动、项目导向等学做一体的教学模式，实践教学比重应达到总学分（学时）的一半以上。"在《现代职业教育体系建设规划（2014－2020年）》（教发[2014]6号）提出：推进信息化平台体系建设，在专业课程中广泛使用计算机仿真教学、数字化实训、远程实时教育等技术。《高等职业教育创新发展行动计划（2015－2018年）》（教职成[2015]9号）提出：在现场实习安排困难或危险性高的专业领域，开发替代性虚拟仿真实训系统。

目前，我国的企业经营模拟类的软件开发和课程发展速度也相当快。很多企业或高校都开发了有关企业经营模拟的课程和软件。越来越多的学校认识到采用企业经营模拟类课程进行实践教学能很好地培养学生的能力和素质，这些能力和素质包括学生的组织能力、协作能力、分析判断能力、决策能力、竞争能力、战胜困难的决心和处于逆境而奋起的勇气等。

企业经营模拟类课程通过近乎真实的商场模拟，能充分调动参与者的竞争热情，在培养应用型人才方面，越来越显示出其独特的作用，问世以来以其体验式教学方法获得受训者的广泛认可。该类课程分为计算机模拟课程和物理沙盘模拟课程。其中，企业经营管理沙盘模拟课程在高职经管类专业的实践教学和技能大赛中得到广泛的运用。

ITMC 企业经营管理电子沙盘是中教畅享（北京）科技有限公司研发的一款模拟企业经营实践的沙盘模拟对抗性教学系统，该教学系统集计算机模拟和物理沙盘模拟于一体，对于提升学生的决策能力、分析解决问题的能力、团队协作精神及创新性思维能力等方面具有很大的作用。从 2008 年到 2017 年，以该套系统为平台，教育部高职高专工商管理类专业教学指导委员会等机构已成功主办了十届全国大学生企业经营管理沙盘模拟大赛，参赛的院校超过 800 多所。

本教材充分利用 ITMC 电子沙盘系统，把沙盘基础知识、初始年经营和规则讲解融为一体，占 6 学时左右。并把企业模拟经营分为两段，第一段是训练阶段，学员经营 4～6 年，教师在每一年循序渐进地讲解管理方法、经营策略和分析工具，占 12～18 学时；第二段是实战经营阶段，学员运用第一阶段掌握的方法和策略经营模拟企业 6～8 年，教师进行适当的辅导和总结，占 10～12 学时。

本教材通俗易懂，从沙盘的实际出发，基础篇以沙盘经营的主要角色的工作过程来设计工作任务，这些工作任务贯穿企业经营的基础知识、基本方法、经营策略、管理分析工具。基本方法包括分析市场、制定生产计划和采购计划、进行财务预算和规划等；经营策略包括总体战略、广告策略、市场和产品开发策略、生产线和厂房投资策略、融资策略等；管理分析工具包括竞争对手分析、产销平衡分析、盈亏平衡分析、成本效益分析等。每个学习情境还精选了与教学内容对应的教学案例。本书既适用于初学者，又适用于具有一定知识基础的学生，还适用于准备参加比赛的学生。

本教材是广东省教育科学规划课题“经管类跨专业实践教学模式的研究与探索——基于多层次虚拟仿真训练提升学生综合能力”（课题编号：2017GGXJK064）的成果。

本教材的编者均有多年指导企业经营沙盘大赛的经验，由河源职业技术学院的方艳和邓文博担任主编，由桂林电子科技大学职业技术学院的刘浩、石家庄邮电职业技术学院的高会生、河源职业技术学院的叶影霞任副主编，参与编写的人员还有河源职业技术学院的曾苑、吴春尚、白迎超、郭海红、朱跃飞、曾庆宁等。

由于我们在高职教育课程改革方面的经验不足，加上国内可以参考的同类教材很少，因此，本教材存在缺点和不足之处在所难免，敬请广大读者批评指正。

编 者

2018 年 1 月

目　　录

基础篇　认识沙盘和初始年经营

学习情境一　企业经营沙盘模拟训练准备

企业经营管理沙盘源自西方军事上的战争沙盘模拟推演。英美知名商学院和管理咨询机构通过对军事沙盘推演进行广泛的借鉴与研究，最终开发出企业经营沙盘实战模拟培训这一新型现代教学模式。这种教学模式通过模拟企业系统运营，使学生在模拟企业各项经营管理活动的训练过程中体验得失、总结成败，进而领悟科学管理规律，掌握管理方法、经营策略和分析工具，提高经营管理能力。

本学习情境的学习任务主要是认识企业经营沙盘及其道具，并组建管理团队和对团队成员进行分工。学习任务单见表 1-1。

表 1-1　学习任务单

姓名：__________　专业班级：__________　学号：__________　日期：______年______月______日

课次	1	**课次名称**	企业经营沙盘模拟训练准备	**上课地点**	实训室	**学时**	2
训练任务	认识企业经营沙盘及其道具，并组建管理团队和对团队成员进行分工						
任务目标	1. 熟悉企业经营沙盘课程内容和沙盘道具的特点； 2. 能组建公司团队并对团队成员进行合理分工						
任务步骤	1. 认识企业经营管理沙盘概况； 2. 认识企业经营管理沙盘道具； 3. 组建管理团队和设计企业名称、目标、口号等； 4. 进行团队成员分工						

工作过程记录（学生完成）：

工作步骤	任务要求	学习过程详细记录
认识企业经营沙盘	认识本课程内容和意义	□熟悉　□了解　□不了解
认识企业经营沙盘道具	熟悉道具的特点和分类情况	□熟悉　□了解　□不了解
组建管理团队	组建团队，并确定公司名称、目标和口号	□已组建团队　□未组建团队
团队分工	按成员特长分工	□按特长分工　□已经分工　□职责不清

工作小结与体会（学生完成）：

签名：　　　　　　年　　月　　日

结果考核（教师完成或指定学生互评）：

（　）通过　　　　（　）不通过

签名：　　　　　　年　　月　　日

任务 1 企业经营决策沙盘模拟的产生、发展及意义

【知识目标】

- 了解企业经营决策沙盘模拟课程的产生和发展过程。
- 了解企业经营决策沙盘模拟课程的意义。

【能力目标】

能根据企业经营沙盘的特点和组员的特长进行角色的分配。

【任务引入】

在进行企业经营沙盘模拟训练之前，先要了解什么是企业经营决策沙盘模拟，企业经营决策沙盘模拟课程的学习有怎样的成效与意义。

任务：在开始经营企业经营决策沙盘模拟训练之前，先了解企业经营决策沙盘模拟课程概况。

【任务分析】

了解企业经营沙盘首先要知道企业经营决策沙盘模拟的产生、发展过程和意义等。

【知识链接】

一、企业经营沙盘起源

沙盘源于西方军事上的沙盘模拟推演，根据地形图、航拍照片或实地地形，按一定的比例关系，用泥沙、兵棋和其他材料堆制的模型就是沙盘。沙盘具有立体感强、直观、制作简便、经济实用等特点，主要供指挥员研究地形和作战方案以及演练战术使用。后来，欧美知名商学院和管理咨询机构借鉴军事沙盘，开发出适合企业管理人员和大学管理专业使用的企业经营沙盘模拟训练课程。企业经营沙盘模拟训练课程最早被美国哈佛大学应用于 MBA 教学，是集知识性、趣味性、对抗性于一体的企业管理技能训练课程。它通过游戏教学的方式让学生在模拟企业经营决策的过程中，体验得失、总结成败，从而对企业的运作有整体的感性认识。

二、企业经营沙盘模拟训练课程介绍

企业经营沙盘模拟训练课程是一门集理论与实践于一体的综合性课程，该模拟课程的基础背景设定为一家已经经营若干年的生产型企业，企业涵括了几个职能中心，包括营销与规划中心、生产中心、物流中心和财务中心。各职能中心涵盖了企业运营的所有关键环节：战略管理、市场营销、产品研发、生产组织、物资采购、设备投资与改造、财务核算与管理等。学生被分成若干个团队，每个团队由若干个学生组成，分别担任总经理、营销经理、生产经理、财务经理、采购经理等。每个团队经营一个销售良好、资金充裕的模拟公司，一般需要连续从事 6～8 个会计年度的经营活动。通过直观的企业沙盘，模拟企业实际运行，让学生在游戏般的训练中体验完整的企业经营过程，感受企业发展的典型历程，感悟正确的经营思路和管理理念，提高对企业管理的感性认知和提升岗位技能。在训练中，学生将遇到企业经营中常出现的各种典型问题，他们必须一同分析问题，发现机遇，制定决策，保证公司成功及不断地成长。

三、企业经营沙盘模拟训练课程教学内容

企业经营沙盘模拟训练课程涉及企业管理多个方面的知识，如企业战略管理、企业经营管理、产品研发、生产管理、市场营销、财务管理和人力资源等。

学生分组经营数家模拟企业，企业的经营场地、固定设备、产品原料、现金流量、应收账款、银行存款、工资、行政费用、市场开拓费用、利息、应缴税金等全部展示在沙盘之上，用道具来表示运营的过程。由学生组成的公司管理层将依据市场信息决定自己的定位和市场策

略，即于何时投资于何种产品、何时进入目标市场、何时提高生产能力、何时融资等。

在模拟经营过程中，学生要对广告费用投入、产品研发、市场开拓、原材料采购、生产能力调整、贷款及资金使用等一系列企业生产经营活动作出决策。包括制定新产品开发、产品组合与市场定位决策；建立和维护市场，必要时甚至可以退出市场等；选择获取生产能力的方式，全盘生产调度决策，原材料采购，匹配市场需求、交货期、产品品种和数量及设备产能；理清利润与销售和成本的关系，影响企业利润的因素，明白增加企业利润的关键因素，控制成本和扩大销售。通过经营模拟企业让学生学会综合分析问题，进而从各个方面提高学生解决实际问题的能力。

经过6～8年的模拟经营，通过指导教师的点拨、讲解，力求让学生初步掌握独立分析和经营企业的能力，由于企业是在一个竞争性的环境下运作的，各种情况都不是预先设定好的，企业在每个模拟年度面对的业务都可能不同，学生不仅要保证模拟企业的持续经营利润的最大化，还必须在变化的业务环境下分析解决问题，为制定下一年度的经营方针做好准备。

四、企业经营沙盘模拟训练课程的重要意义

1. 有助于将所学专业知识融会贯通、综合运用

沙盘模拟经营教学模拟真实企业的生产经营过程，模拟过程中要综合运用经管类专业的市场营销、战略管理、财务管理、生产管理等相关专业的基础知识。在模拟实践过程中，学生要学会将理论知识融会贯通，并综合运用到企业经营沙盘模拟训练中，有效弥补了相关专业知识的断层，为相关专业知识的衔接提供了一个平台。形象直观的企业经营过程能让学生对所学的比较抽象的理论知识诸如生产提前期、资金周转、贴现等有比较深刻的认识和理解。

2. 有助于提高学生学习的积极性和主动性

企业经营沙盘模拟训练课程通过巧妙的课程设置、角色划分、规则制定和分组对抗，完成了从教学到游戏的转型。团队的建立、角色的模拟更是让学生能对自己的工作尽心尽力，强烈的求胜欲望、不甘落后的心态使得所有同学无不全身心投入，相互交流、制定策略、分析市场，每一个环节都细致入微，因为大家都明白稍有不慎公司就会破产。

3. 有助于提高学生综合素质

企业经营沙盘模拟训练课程不仅使学生学习和认识了什么是管理、如何进行管理，更使学生学会了如何进行沟通、协同作战，如何面对失败和挫折，如何在逆境中成长。学生懂得了什么是团队精神，了解了团队中成员之间紧密协作、相互信任的重要性。在风云变幻的市场竞争中，面对突如其来的变化，学生必须善于应对，提高应变能力以及分析问题和解决问题的能力。

任务2　认识ITMC企业经营沙盘

【知识目标】

认识企业经营沙盘的道具。

【能力目标】

能应用企业经营沙盘道具进行模拟经营训练。

【任务引入】

企业经营沙盘模拟训练分为电子沙盘和物理沙盘（俗称为手工沙盘），其中手工沙盘是应用道具来模拟企业经营的推演过程，利用沙盘盘面、订单卡片、游戏币、仿真生产线等各种道具来模拟企业的各种经济业务，通过实物的手工沙盘推演，能帮助初学者更快认识模拟企业的

物流和资金流动过程。

任务：请全面认识企业经营沙盘的各种道具。

【任务分析】

进行企业经营沙盘模拟训练前，先要认识企业经营沙盘盘面图的总体布局和各分区的功能，还需要熟悉钱币、原材料币、订单卡片、生产线等各种道具的特点和分类情况。

【知识链接】

企业经营沙盘培训道具是可以用来推演企业经营的一个立体模型，能够模拟企业的各种经济业务。企业经营沙盘培训道具主要包括沙盘盘面、订单卡片、游戏币及盛币的空桶等。

一、企业经营沙盘盘面

企业经营沙盘模拟训练课程需要的企业经营沙盘盘面如图 1-1 所示，它是一个现实企业的形象模拟。盘面的布局主要体现在分区上，整个盘面分为“办公区”和“厂区”两大部分。办公区包括财务部、销售部、市场部、采购部、研发部；厂区包括生产部、车间、原料库、产品库。

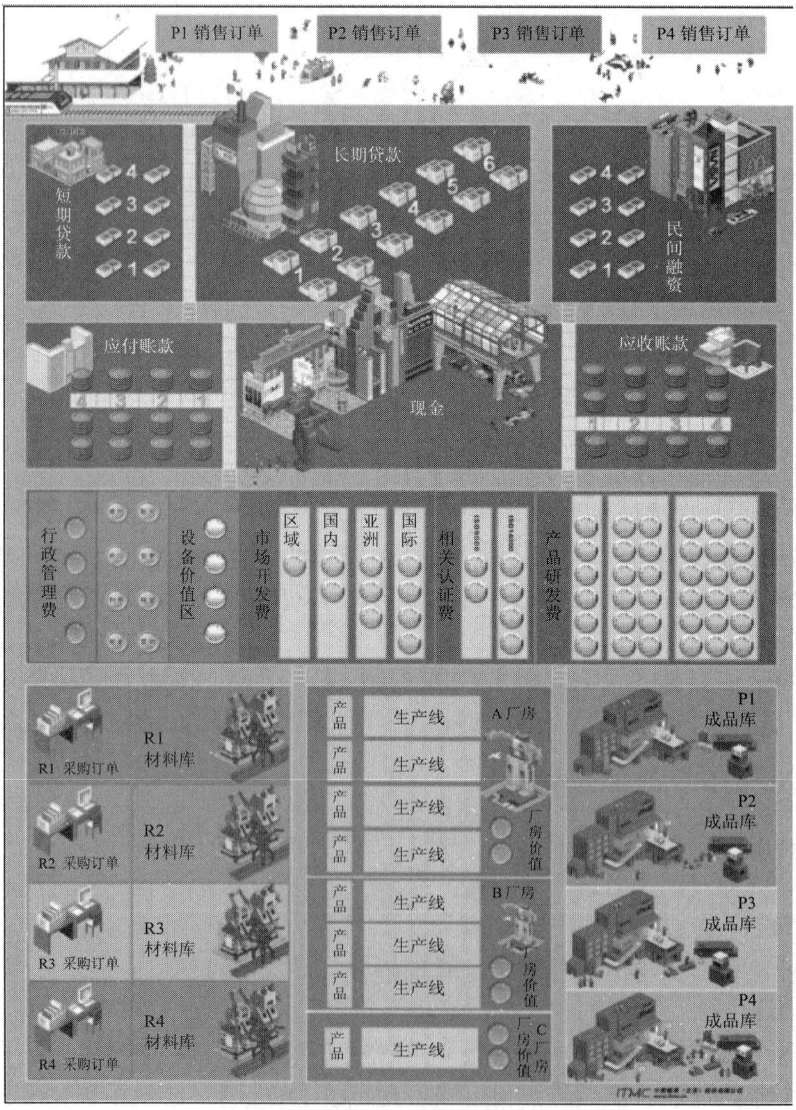

图 1-1 企业经营沙盘盘面图

从盘面来看，上半部分主要反映的是资金流的全过程，下半部分主要反映物流运作的全过程。

物流包括原材料的订购、材料入库、材料上线、完工入库、完成销售；资金流包括：反映资金流入的银行贷款和民间融资导致的现金增加，应收账款的不断到账等业务导致的现金增加，反映资金流出的应付账款的到期支付导致现金减少，市场开拓、产品研发、相关认证、日常的行政管理费、设备变更维护费、广告、租金、利息、贴现、税金等支付导致的现金减少。

二、游戏币与空桶

企业经营沙盘使用的游戏币有很多种，各种游戏币代表企业经营所需的各种原料和资金；空桶既是放置游戏币的器具，又可用作其他用途，如贷款等，如图 1-2 所示。

钱币	蓝色	
R1 原材料	红色	
R2 原材料	绿色	
R3 原材料	灰色	
R4 原材料	黄色	
空桶	透明	

图 1-2　游戏币和空桶

三、订单卡片

订单卡片用于模拟企业的市场订单，包括本地市场、区域市场、国内市场、亚洲市场、国际市场等，卡片上有各个市场对所需求产品的量化数据。企业经营沙盘活动中要准备 6～8 年不同细分市场的所有订单。图 1-3 是一张本地市场订单的图示。

图 1-3　本地市场订单图

四、厂房

企业经营沙盘盘面上设置了 A、B、C 三种厂房，A 厂房可容纳四条生产线，B 厂房可容纳三条生产线，C 厂房可容纳一条生产线，用于模拟企业生产制造环境，如图 1-4 所示。

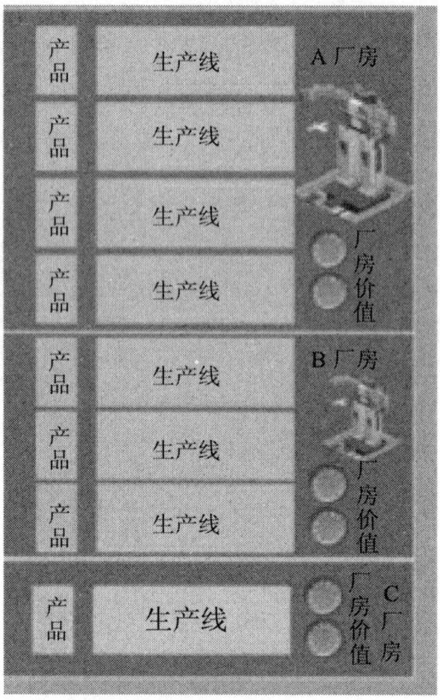

图 1-4　厂房图

五、生产线

厂房里可以放置生产设备，生产设备有手工生产线、半自动生产线、全自动生产线、柔性生产线。它们的生产效率及灵活性不同，如图 1-5 所示。

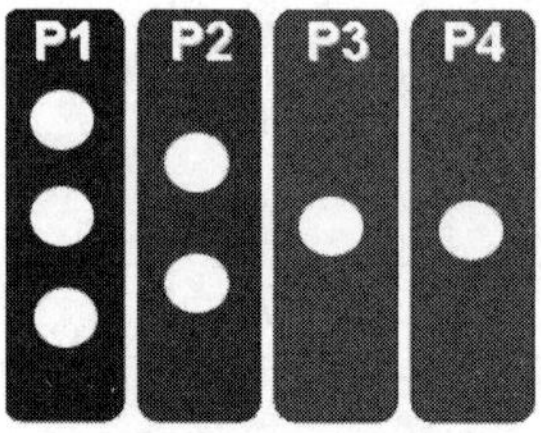

图 1-5　生产线

每条生产线上都需要产品标识，产品标识用于表示企业发展过程中按市场需要能够生产的产品，在企业经营沙盘活动中设计了四种产品，即 P1 产品、P2 产品、P3 产品和 P4 产品。

任务 3　组建企业管理层和职责分工

【知识目标】

- 了解模拟企业的基本情况。
- 熟悉企业各个部门的职责。

【能力目标】

- 能组建模拟企业管理团队。
- 能根据企业的组织结构确定企业各部门的职责。

【任务引入】

模拟企业是一个典型的本地制造型企业，长期专注于某行业 P 系列产品的生产与经营。

目前的主打产品是 P1，在本地市场的发展不错。不过，由于原来的管理层在企业发展上比较保守，生产设备陈旧，产品、市场单一，使得企业一直处于小规模经营的状况。在未来的几年内，市场的竞争将越来越激烈，如果继续目前的经营模式，很可能会被市场逐渐淘汰。因而，董事会决定引入新的管理层，对企业的经营模式进行变革，使企业发展成为更有潜力的实体。

任务：根据企业要求组建新的管理团队并完成表 1-2 内容。

表 1-2　新管理团队信息和职责分工表

企业名称			
经营目标			
企业标志		经营口号	
团队分工	职务	姓名	主要职责
主要成员	总经理（CEO）		
	营销经理（CSO）		
	财务经理（CFO）		
	营运经理（COO）		
	采购经理		
其他成员（必要时设置）	信息主管		
	会计主管		
	研发主管		
	市场主管		

【任务分析】

为了顺利接管企业，要组建符合企业要求的管理团队，为公司提出新的经营目标和经营口号，并根据团队成员的特长进行分工。

【知识链接】

企业经营沙盘的模拟企业管理层由 5～9 人组成，共同经营分工合作的企业部门。总经理（CEO）主要负责整个企业的决策和整体规划；财务经理（CFO）负责资金运作的管理，负责记录每期的现金收支情况及每年的财务报表等。各个角色在完成自身岗位工作的同时，还要保证相互之间的信息通畅，及时沟通与协作。

一、模拟企业部门职能

模拟企业和真实企业一样设置了营销部、财务部、生产运营部、物流部、信息部等重要的部门，这些部门的相互合作对企业的运营业绩有重大影响。表 1-3 是模拟企业的主要部门情况。

二、主要岗位职责分工

1. 总经理（CEO）

总经理作为模拟企业最高行政管理领导人，对公司全局业务全面负责。总经理的主要工作就是带领团队共同决定企业所有重要事项和长远规划，并作出最终的决策。当大家的意见相左时，由总经理作出最终决策。

表 1-3 模拟企业部门职能和工作说明

职能部门	主要岗位	主要工作	工作说明	备注
总部	总经理 信息主管	公司战略	指导企业总体战略和长期规划，并组织实施	
		获取信息	获取竞争对手和企业内部各部门的信息，为公司高层决策提供依据	
营销部门	经理 市场主管 销售主管	市场分析 营销战略	根据市场预测图表分析市场需求和价格情况，制定未来2～3年营销战略	
		市场开拓 资格认证	按照公司战略和经营规则确定开发哪些市场，确定需要获得哪些认证	包括区域、国内、亚洲、国际市场；ISO9000 和 ISO14000 认证
		投放广告	在已经开拓完成的市场上确定广告的投放量	要与生产能力相匹配
生产运营部门	经理 研发主管 生产主管	产品研发	确定企业需要开发哪些产品	可选择 P2、P3、P4
		厂房管理	确定是否要购买、租赁和出售厂房	
		生产线管理	确定是否要购买、出售生产线。生产线是否要转产	包括手工、半自动、全自动、柔性生产线四种
		组织生产	制定生产计划，根据销售要求调整计划并组织生产，满足市场需求	开发完成后方可生产，包括 P1、P2、P3、P4
物流部门	经理 采购主管 仓库主管	定购原材料	根据生产计划制定采购计划，提前采购原材料满足生产要求	R1、R2 提前一个季度 R3、R4 提前两个季度
		管理原材料库	四种原材料分别存放在各自的原材料库	
		管理成品库	四种成品，分别存放在对应的成品库	
财务部门	经理 预算主管 会计主管 出纳主管	财务预算	根据经营规划，制定年度财务预算	
		融资管理	资金不足时，争取各种贷款	长期、短期贷款；民间融资
		应收、应付账款管理	管理应收和应付账款	
		财务报表	编制费用表、利润表和资产负债表	
		现金管理	记录现金流量表	

总经理的职责如下：

（1）确定企业的经营战略：整合企业所有资源，确定市场定位，随时获得竞争对手的信息，确定产品开发和固定资产投资方向。

（2）监控企业战略执行：监督企业经营沙盘操作中每一步工作的执行，具有事先预防问题发生的前瞻意识和遇到问题后能提出解决困难的方法。

（3）团队管理：发挥每个团队成员的各自优势，合理分工，监控每个角色职能偏差，促进团队成员的合作。

（4）拟订公司总体规划、决策，负责跟踪处理各类原因给企业造成的经济损失和不良影响。

2. 营销经理（CSO）

销售收入是企业利润的来源，销售的实现是企业生存和发展的关键。在企业经营沙盘对抗中营销经理主要承担的责任是透彻了解市场需求、满足市场需求、开拓市场和实现销售。

营销经理主要职责如下：

（1）分析市场数据：对市场预测图表进行分析，掌握每个分市场的需求和价格情况。

（2）制定营销规划：预测市场的变化趋势，确定未来2～3年的主打市场。

（3）投放广告：根据企业生产能力和市场需求情况确定每年的广告投放额度。

（4）收集市场销售信息：与信息主管合作了解竞争对手的信息。

（5）开拓市场：根据公司的发展战略确定需要开拓哪些市场。

（6）完成销售和实现货款回收。

3. 财务经理（CFO）

在模拟企业中，财务经理的主要工作是预测未来几年的现金需求量，负责资金的筹集、管理，制定全年的费用预算，保证各部门在经营中的现金需求，避免现金断流。每年度按时报送财务报表并作好财务分析。

财务经理的主要职责如下：

（1）制定财务预算：计算每年度各部门的现金支出和现金回流情况，做好现金预算表。

（2）融资规划：通过短期贷款和长期贷款来缓解资金压力和保障企业的发展。

（3）费用预算：通过预算全年的费用和销售毛利对比，预测企业的盈利状况。

（4）现金控制：根据预算表控制好现金的开支，并做好现金流量记录表。

（5）编制报表：每年度结束时编制费用表、利润表和资产负债表。

（6）成本分析和财务分析：对企业的综合财务状况进行分析。

4. 采购经理

采购经理主要负责制定每年的原材料采购计划，保证生产计划的正常完成，避免停工待料和原材料堆积。

采购经理的主要职责如下：

（1）制定采购计划：根据生产计划和库存情况，计算原材料需求，编制采购计划表。

（2）仓库管理：对原材料库和成品库进行管理，避免原材料和成品堆积。

（3）合理利用应付账款：适当采用批量采购缓解现金压力。

5. 生产运营经理（COO）

企业经营沙盘对抗中生产运营经理的主要工作是制定每年的生产计划，研发新产品，购置新生产线，保证按照销售订单组织生产并交货给客户。

生产运营经理（COO）的主要职责如下：

（1）计算产能和可销售量：在营销经理投放广告前，按照不同生产线和产品品种计算全年产量。

（2）制定生产计划和组织生产：根据获取订单情况、原材料供应情况和生产线状态，编制全年的生产计划，并组织实施。

（3）调整产能和购置生产线：生产线调整、变卖，根据营销规划和财务状况购置新生产线。

（4）研发新产品：根据企业总体战略，确定是否研发新产品。

（5）厂房管理：购买或租赁厂房。

任务4 掌握名词概念

1. 折旧

固定资产折旧是指固定资产由于损耗而转移到生产经营管理成果中去的那部分以货币表现的价值。固定资产损耗分为有形损耗和无形损耗两种，有形损耗是指固定资产由于生产经营管理过程中使用等原因引起的在使用价值或价值上的损失；无形损耗则指由于技术进步等引起的机器设备等在价值上的损失。固定资产由于损耗而转移到生产经营管理成果中去的那部分价值，应以折旧费用计入成本费用，构成生产经营管理成本费用的一个重要组成部分。

2. 贴现

贴现的概念：是指持票人在需要资金时，将其持有的商业汇票，经过背书转让给银行，银行从票面金额中扣除自贴现日至汇票到期日的利息后，将余款支付给申请贴现人的票据行为。

贴现的性质：贴现是银行的一项业务，汇票的支付人对银行负债，银行实际上是与付款人有一种间接贷款关系。

将应收债权和应收票据向银行申请贴现进行融资，是目前企业常用的一种手段。

3. 行政管理费

管理费用是企业为了维持运营发放的管理人员工资、必要的差旅费、招待费等。

4. 市场细分

所谓市场细分，就是企业按照影响市场上购买者的欲望和需要、购买习惯和行为等诸多因素，把整个市场细分为若干对不同产品产生需求的市场部分或子市场，其中任何一个市场部分或子市场都有一个相似的欲望和需要的购买者群，都可能被选为企业的目标市场。

5. 资产

资产是指过去的交易、事项形成并由企业拥有或控制的资源，该资源预期会给企业带来经济利益。

6. 负债

负债是指过去的交易、事项形成的现实义务，履行该义务预期会导致经济利益流出企业。

7. 所有者权益

所有者权益是指企业资产扣除负债后，由所有者享有的剩余权益。

8. 资产负债表

资产负债表是反映企业某一特定日期的财务状况的会计报表。资产负债表是根据“资产=负债+所有者权益”这一会计恒等式来反映资产、负债和所有者权益这三个会计要素的相互关系，把企业在某一特定日期的资产、负债和所有者权益各项目按照一定的分类标准和一定的排列顺序编织而成。

9. 利润表

利润表又称收益表或损益表，是反映企业在一定会计期间经营成果的报表。利润表把一定期间的收入与其同一会计期间相关的费用进行匹配，计算出企业一定时期的净利润（或净亏损）。通过利润表反映收入、费用等情况，能够反映企业生产经营的收益和成本耗费情况，表明企业生产经营成果；同时，通过利润表提供的不同时期的比较数字（本月数、本年累计数、上年数），可以分析企业今后利润的发展趋势及获利能力，了解投资者投入资本的完整性。由于利润是企业经营业绩的综合体现，又是进行利润分配的主要依据，因此，利润表是会计报表中的主要报表。

学习情境二　初始年经营操作

企业经营沙盘是以企业的状态进行模拟经营的，因此在进行企业经营沙盘模拟训练之前，必须先了解模拟企业的初始状态、经营规则，并通过初始年（电子沙盘对应为第 0 年）经营熟悉经营的流程和规则，才能有效的开展企业经营。学习任务单见表 2-1。

表 2-1　学习任务单

姓名：________　专业班级：________　学号：________　　　　日期：_____年_____月_____日

课次	2	课次名称	初始年操作（第 0 年）	上课地点	实训室	学时	4
训练任务	设置初始状态，并进行第 0 年经营						
任务目标	1．能分析企业经营模拟沙盘的市场预测图 2．能设置模拟企业初始状态 3．掌握企业经营沙盘的规则 4．能进行第 0 年经营						
任务步骤	1．认识市场预测 2．设置初始状态 3．了解企业经营沙盘经营规则和经营流程 4．了解企业经营沙盘计分规则 5．进行第 0 年经营，并熟悉规则和流程						

工作过程记录（学生完成）：

工作步骤	任务要求	学习过程详细记录
认识市场预测	认识市场预测	□已了解　　□不了解
设置初始状态	初始状态与电子盘面一致	□完全一致　　□基本一致　　□不一致
了解企业经营沙盘经营规则	熟悉规则并完成测试	是否已经完成测试　　□是　　□否 测试分数　　（　　）
了解经营流程和计分规则	了解并熟悉流程和计分规则	□已了解　　□不了解
进行第 0 年经营	能进行电子和物理沙盘的操作；熟悉经营规则	□熟练操作　　□能操作　　□不能操作

工作小结与体会（学生完成）：

签名：　　　　　　年　　月　　日

结果考核（教师完成）：

（　）通过　　　　　　（　）不通过

签名：　　　　　　年　　月　　日

任务 1　认识市场预测

【知识目标】

- 了解市场预测基本要素。
- 掌握市场预测的方法和市场预测的步骤。

【能力目标】

能分析企业经营模拟沙盘的市场预测图。

【任务引入】

在开始进行企业运营的时候，需要根据市场情况准备生产。这需要根据市场需要准备好机器设备、原材料和厂房，并且根据市场状况确定市场方向。

任务：根据企业经营模拟沙盘的市场预测图进行分析。

【任务分析】

要进行市场预测，首先要了解市场预测需要具备哪些要素，市场预测的方法和市场预测的步骤。

【知识链接】

市场预测，就是运用科学的方法，对影响市场供求变化的诸多因素进行调查研究，分析和预见其发展趋势，掌握市场供求变化的规律，为经营决策提供可靠的依据。

在企业经营沙盘模拟中，有一家权威的市场调研机构对未来 6 年各个市场的需求进行预测，这项预测有很高的可信度。

P1 产品是目前市场的主流。但该产品在各个市场上的技术更新很快。

P2、P3、P4 都是在 P1 产品基础上发展起来的新技术产品。其中 P2 作为对 P1 的局部技术改良产品，比较容易得到顾客的认同。P3、P4 是高端技术产品，各个市场有不同的认知度，需求量和价格也有较大的差异。

市场需求将会持续发展，客户对低端产品的需求可能要下滑。伴随着需求的减少，低端产品的价格很有可能会逐步走低。后几年，随着高端产品的成熟，市场对 P2、P3 产品的需求将会逐渐增大。同时随着时间的推移，客户的质量意识将不断提高，后几年可能会对厂商是否通过了 ISO9000 认证和 ISO14000 认证有更多的要求。图 2-1 是 10 组市场预测图。

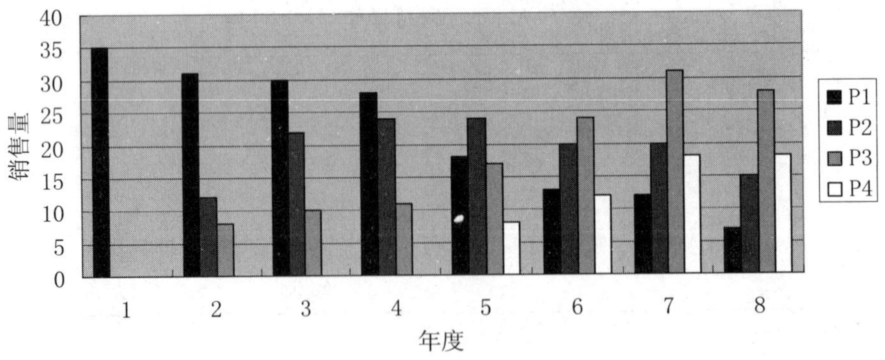

本地市场销量预测图

图 2-1　10 组市场预测图

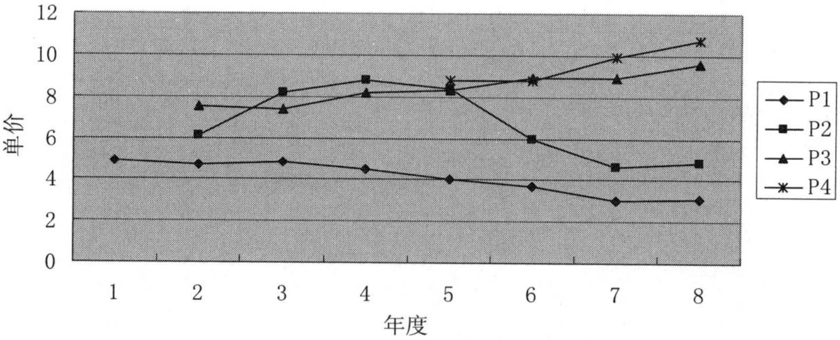

本地市场单价预测图

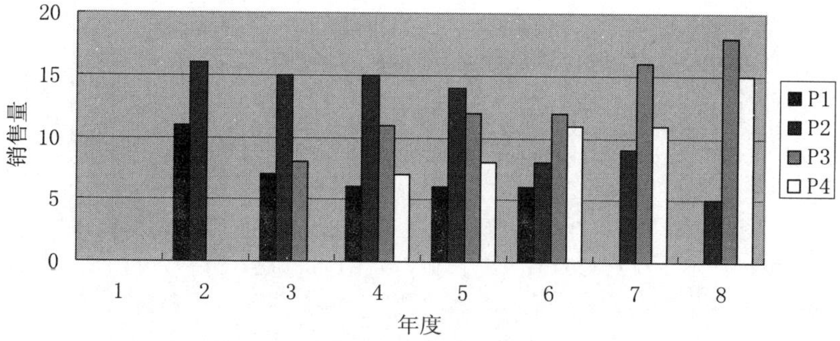

区域市场销量预测图

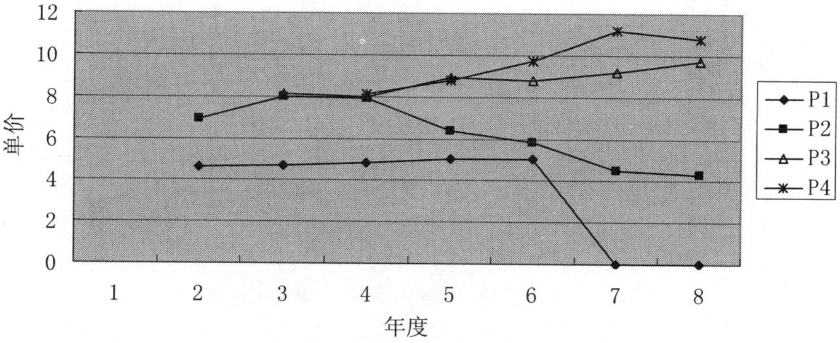

区域市场单价预测图

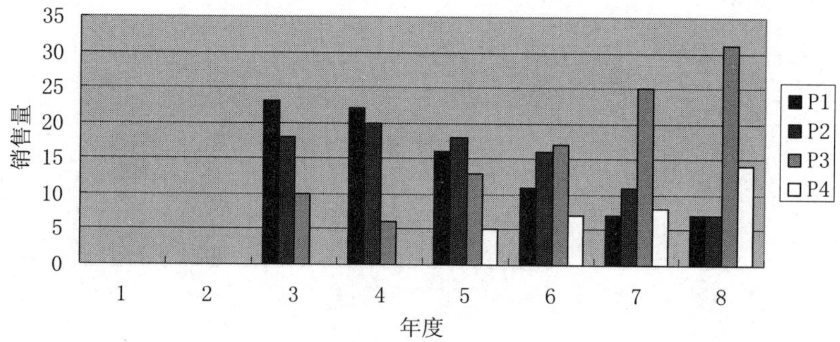

国内市场销量预测图

图 2-1　10 组市场预测图（续图）

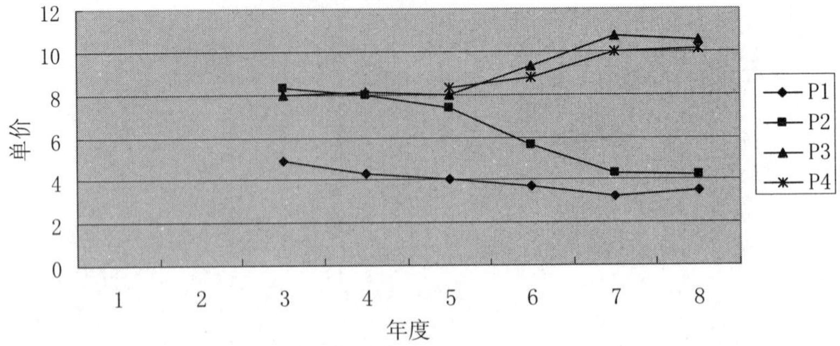

国内市场单价预测图

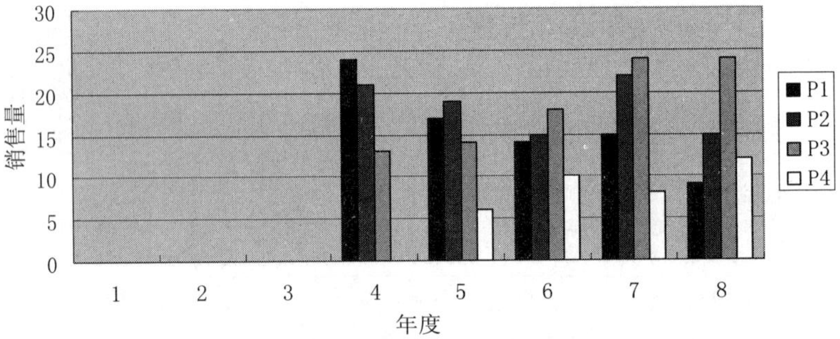

亚洲市场销量预测图

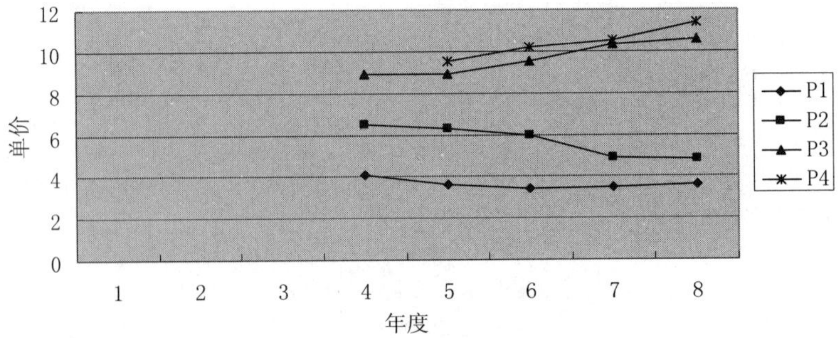

亚洲市场单价预测图

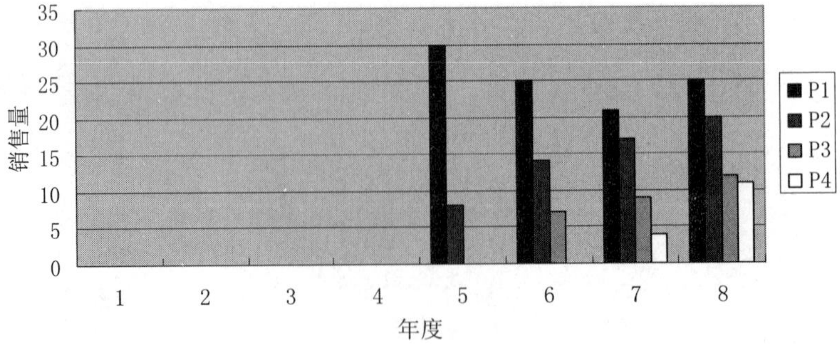

国际市场销量预测图

图 2-1　10组市场预测图（续图）

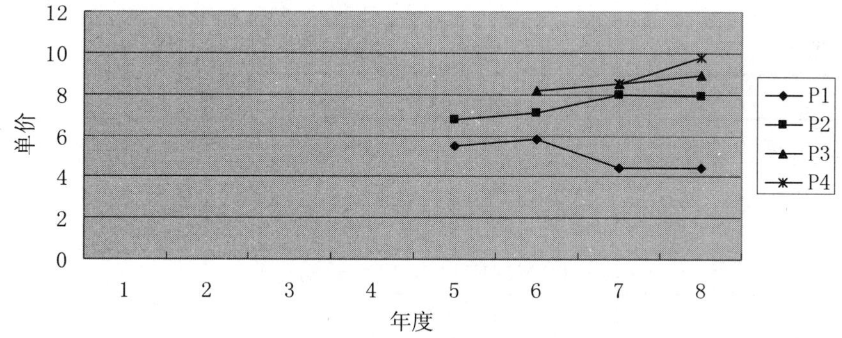

国际市场单价预测图

图 2-1　10 组市场预测图（续图）

任务 2　设定模拟企业初始状态

【知识目标】

掌握企业经营沙盘中企业的初始状态。

【能力目标】

能根据企业经营沙盘中企业的初始状态开展经营活动。

【任务引入】

企业经营沙盘不是从创建企业开始，而是接手一个已经运营了若干年的企业。目前企业拥有大厂房，安装了 3 条手工生产线和 1 条半自动生产线，所有生产线都在生产 P1 产品，其资产负债表和利润表见表 2-2 和表 2-3。

任务：根据资产负债表设定好企业初始状态。

表 2-2　第 0 年初资产负债表　　单位：百万元（M）

资产		年初	年末	负债+权益		年初	年末
固定资产				负债			
土地和建筑（含在建工程）	+	32		长期负债	+	40	
机器和设备	+	10		短期负债	+		
总固定资产	=	42		应收款	+		
流动资产				应交税	+	2	
现金	+	20		总负债	=	42	
应收款	+	18		权益			
在制品	+	8		股东资本	+	45	
成品	+	8		利润留存	+	9	
原料	+	4		年度净利	+	4	
总流动资产	=	58		所有者权益	=	58	
总资产	=	100		负债+权益	=	100	

表 2-3　第 0 年初利润表　　单位：百万元（M）

项目		年初	年末
销售	+	36	
直接成本	–	14	
毛利	=	22	
综合费用	–	9	
折旧前利润	=	13	
折旧	–	5	
支付利息前利润	=	8	
财务收入/支出	+/–	–2	
额外收入/支出	+/–		
税前利润	=	6	
所得税	–	2	
净利润	=	4	

【任务分析】

为了保证有一个公平的竞争环境，需要统一设定模拟企业的初始状态。企业经营沙盘可以把企业资产、负债和各种资源形象地表现在企业经营沙盘的盘面上。

【知识链接】

模拟企业的初始状态。

一、流动资产 58M

流动资产包括现金、应收账款、存货等，其中存货又分为在制品、成品和原料。

（1）现金 20M。

由财务经理拿出一满桶蓝币（共计 20M）置于现金库位置。

（2）应收账款 18M。

企业销售一般允许客户在一定期限内缴清货款而不是货到即付款。应收账款是分账期的，由财务经理拿两个空桶，分别装 9 个蓝币，放置于应收账款 3、4 的位置。

注意：账期的单位为季度。离现金库最近的为 1 账期，最远的为 4 账期。

（3）在制品 8M。

在制品是指处于加工过程中，尚未完工入库的产品。大厂房中有三条手工生产线、一条半自动生产线，每条生产线上各有一个 P1 产品。手工生产线有三个生产周期，靠近原料库的为第一周期，三条手工生产线上的三个 P1 在制品分别位于第一、二、三周期。半自动生产线有两个生产周期，P1 在制品位于第一周期，如图 2-2 所示。

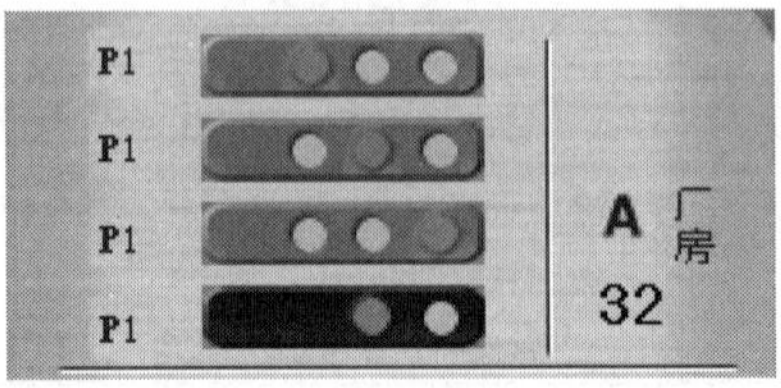

图 2-2　第 0 年初在制品位置图

每个 P1 产品成本由两部分构成：R1 原料费 1M 和人工费 1M，取一个空桶放置一个 R1 原料（红币）和一个人工费（蓝币）构成一个 P1 产品。由生产运营经理、采购经理与财务经理配合制作四个 P1 在制品并摆放到生产线上的相应位置。

（4）成品 8M。

P1 成品库中有 4 个成品，每个成品同样由一个 R1 原料费 1M 和人工费 1M 构成。由生产运营经理、采购经理与财务经理配合制作 4 个 P1 成品并摆放到 P1 的成品库中。

（5）原料 4M。

R1 原料库中有 4 个原料，每个价值 1M。由采购经理取 4 个原材料币，每个代表一个 R1 原材料，并摆放到 R1 原料库。

除以上需要明确表示的价值之外，还有已向供应商发出的采购订货，预定 R1 原料两个，由采购经理将两个红币放置到 R1 原料订单处。

二、固定资产 42M

固定资产包括土地、厂房及生产设施等。

（1）大厂房 32M。

企业拥有自主大厂房，价值 32M。由财务经理将 32 个现金筹码用桶装好放置于大厂房价值处。

（2）设备价值 10M。

企业已购置了三条手工生产线和一条半自动生产线，扣除折旧，目前手工生产线每条剩余价值为 2M，共 6M，半自动生产线账面价值为 4M。由财务经理取四个空桶，分别置入 2M、2M、2M、4M，并放置在设备价值区对应生产线的编号处。

三、负债 42M

负债包括短期负债、长期负债及各项应付款。

（1）长期负债 40M。

企业有 40M 长期借款，分别于长期借款第 4 年和第 5 年到期。约定每个空桶代表 20M，由财务经理将两个空桶分别置于第 4 年和第 5 年位置。

注意：对长期借款来说，企业经营沙盘上的纵列代表年度，离现金库最近的为第 1 年，依此类推。对短期借款来说，企业经营沙盘上的纵列代表季度，离现金库最近的为第 1 季度。如果以民间融资方式融资，可用空桶表示，于民间融资列表处放置。

（2）应交税金 2M。

企业上一年税前利润 6M，按规定需缴纳 2M 税金。税金是在下一年度缴纳，此时没有对应操作。如果当年经营为亏损，则不需要缴纳所得税。

四、注意事项

（1）初始状态中，除了按照资产负债表上的价值定位后，还有两个 R1 原材料订单。

（2）应收账款为第三季度 9M、第四季度 9M。

（3）长期贷款为：4 年期 20M、5 年期 20M，共计 40M。

至此，企业初始状态设定完成。

任务 3　认识经营规则和流程

【知识目标】

- 了解模拟企业的运营规则。

- 掌握企业运营流程。

【能力目标】

能根据企业的运营规则和流程经营企业。

【任务引入】

企业经营沙盘模拟训练课程的基础背景设定为一家已经经营若干年的生产型企业，刚成立的管理层就要开始经营这个模拟企业了，经营时间一般为 6～8 年。

模拟企业是按照一定的经营规则和经营流程进行经营的，要进行模拟企业经营，必须先熟悉企业经营沙盘的经营规则和经营流程。

任务：明确企业经营沙盘的运作基本规则和经营流程。

【任务分析】

企业经营沙盘的基本规则主要包括市场规则、产品规则、ISO9000 和 ISO14000 开发规则、厂房买卖规则、机器设备规则、产品生产与原材料采购规则、融资规则、费用规则、市场订单规则。

【知识链接】

企业经营沙盘模拟角色分为总经理（CEO）、财务经理（CFO）、营销经理（CSO）和生产经理（COO）四个角色。各角色基本规则如下。

一、CEO（总经理）

岗位职责：制定企业发展战略规划；带领团队共同完成企业决策；审核财务状况；听取盈利（亏损）状况。

二、CSO（营销经理）

岗位职责：分析市场，制定企业营销计划，积极扩展市场；合理投放广告；获取与企业生产能力相匹配的客户订单；与生产部门沟通，确保按时交货；监督货款的回收。

营销经理在沙盘模拟经营中的任务及规则如下。

1. 制定广告方案

营销经理根据市场预测情况进行各个产品和地区的广告投放。每个市场的订单是有限的，并不一定投放广告就能得到订单，但至少投放 1M 广告费才有机会选单。

2. 参加订单竞单

按每个市场单一产品广告投放量，从高到低依次选择订单。如果该市场该产品广告投入相同，则比较该产品所有市场广告投入之和；如果单一产品所有市场广告投放相同，则比较其在所有产品和所有市场的广告总投入；如果所有产品和所有市场的广告总投入也相同，则软件根据谁先提交的广告方案，自动确定谁优先选单。市场订单可能受随机事件影响，由于社会经济环境、政府政策、自然灾害等意外事件影响，会影响产品的供求关系，从而增加订单的偶然性，要随时注意系统意外事件的提醒。随机事件机率是在教学或比赛前由教师指导平台的参数设定决定的。

订单的内容由市场、产品名称、产品数量、单价、订单价值总额、账期、特殊要求等要素构成。标注有“加急”字样的订单要求在每年的第一季度交货，延期交货将扣除该张订单总额的 25%（四舍五入取整）作为违约金；普通订单可以在当年内任一季度交货，如果由于产能不够或其他原因，导致本年不能交货，延期交货时扣除该张订单总额的 25%（四舍五入取整）作为违约金。

订单上的账期代表客户收货时货期的交付方式，若为 0 账期，则现金付款；若为 4 账期，则代表客户 4 个季节后才能付款。

如果订单上标注了“IS9000”或“ISO14000”，要求生产单位必须取得相应的认证，才能得到这张订单。

3. 交货给客户

营销经理查看各成品库中的成品数量是否满足客户订单的要求，满足则按照客户订单交付约定数量的产品给客户。

4. 市场开拓/ISO 资格认证

市场开拓在每年的年末进行，每年只能进行一次，每次投放 1M，不能加速开拓。市场开拓不要求每年连续投入，在资金短缺的情况下可以停止对该市场的投资，但已经支付过的投资不能收回。如果在停止开拓一段时间后想继续开拓该市场，可以在以前的投入基础上继续投入。所有市场可以一次性全部开拓，也可以选择部分市场进行开拓。只有在该市场开拓完成后，才能在下一年度里参与该市场的竞单。市场开拓和 ISO 认证在每年年末进行，市场开拓周期及费用见表 2-4，企业 ISO 资格认证规则见表 2-5。

表 2-4 市场开拓周期及费用表

市场	本地市场	区域市场	国内市场	亚洲市场	国际市场
开拓时间	开放	1 年	2 年	3 年	4 年
开拓投入	无	1M/年	1M/年	1M/年	1M/年

表 2-5 企业 ISO 资格认证规则表

认证项目	ISO9000（质量）	ISO14000（环境）
认证时间	2 年	4 年
认证投资	2M	4M

三、COO（生产经理）

岗位职责：生产计划的制定，企业内部的生产组织工作；生产计划的执行和控制，生产成本的控制；保持合理的存货，及时交货；组织新产品研发，扩充和改进生产设备。

沙盘模拟经营中的任务及规则如下。

1. 产品研发投资

产品的研发至少需要 6 个周期，每个周期只能投入一定的费用，可以同时研发所有的产品，也可以选择部分产品进行研发，但不能加速研发。只有在研发完成后才可以进行该产品的加工生产，没有研发完成时不能开工生产，但可以提前备料。已经开始研发的产品可以在任何时间里停止研发投资，但已经付出的钱不能收回；如果在停止研发一段时间后想继续研发，可以在之前研发的基础上继续增加投入即可。产品研发周期及费用见表 2-6。

表 2-6 产品研发周期及费用表

产品	P2	P3	P4
时间	1.5 年（6Q）	1.5 年（6Q）	1.5 年（6Q）
投资	6M	12M	18M

2. 接受并支付已订购的货物

货物到达时，企业必须照单全收，并按规定支付原料费或计入应付账款。原料可以批量采购，采购规则见表 2-7。

表 2-7 采购规则

原材料采购（每个原料价格 1M）		账期
每次每种原材料采购	5 个或以下	现金
	6～10 个	1Q
	11～15 个	2Q
	16～20 个	3Q
	20 个以上	4Q

3. 下原料订单

原料采购必须要有采购提前期，签订采购订单时要注意采购提前期，R1、R2 原料需要一个季度的采购提前期，R3、R4 需要两个季度的采购提前期。接受货物时，如果货物未到，则处于在途状态。

4. 更新生产完工入库

每执行一次本项任务，将每条生产线上在生产的产品向成品库的方向移动一个账期，盘面上各生产线上的在制品向前推进一格，如果在制品处于生产线的最后一格，则产品直接下线，入到成品库中，表示产品加工完毕，产品完工不受产品报废率影响。

5. 购买/更新/转产生产线

生产线购买采用分期付款的方式，按该生产线的安装周期进行付款，生产线必须付完款，安装完成后才可以进行生产，只有空闲的生产线才可以变卖。生产线变卖时，首先按单位生产线计提折旧，如果还有剩余设备价值，则进行固定资产清理，记营业外支出，设备变卖残值记营业外收入。每种生产线的具体购买价格、安装周期、生产周期、出售残值、变更周期、变更费用见表 2-8。

表 2-8 生产线规则

生产线	手工	半自动	全自动	柔性
购买价	5M	8M	16M	24M
安装周期	无	2Q	4Q	4Q
生产周期	3Q	2Q	1Q	1Q
出售残值	1M	2M	4M	6M
变更周期	无	1Q	2Q	无
变更费用	无	1M	4M	无

6. 开始新的生产

产品研发完成后，可以接单生产。生产不同的产品需要的原料不同，各种产品所用到的原料及数量（BOM）如图 2-3 所示。

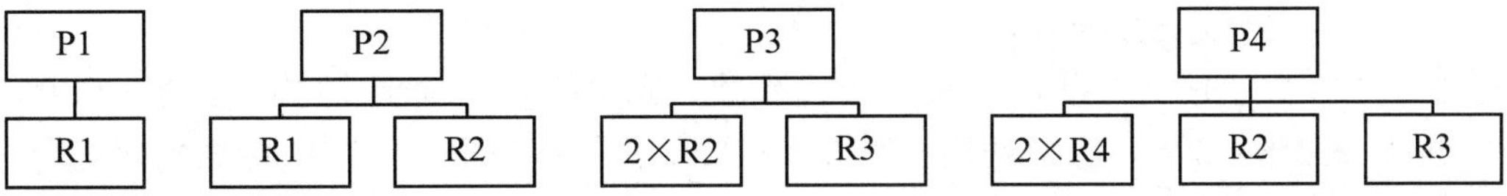

图 2-3 产品 BOM

每条生产线同时只能有一个产品成为在线产品。产品上线时需要支付加工费，不同生产线的生产效率不同，需要支付的加工费也是不相同的。具体加工费见表 2-9。

表 2-9 加工费用表

	手工线	半自动	全自动/柔性
P1	1M	1M	1M
P2	2M	1M	1M
P3	3M	2M	1M
P4	4M	2M	1M

7. 支付设备维修费

每条生产线每年需付 1M 的维修费。

四、CFO（财务经理）

岗位职责：筹集和管理资金；做好现金预算，管好用好资金；支付各项费用，核算成本；按时编制和报送财务报表，作好财务分析。

沙盘模拟经营中的任务及规则如下。

1. 支付税金

先弥补前 5 年的亏损，然后按照税前利润乘以 25%，按四舍五入取整。

2. 短期贷款/支付利息

更新短期贷款：如果企业有短期贷款，每执行一次本项任务，还贷账期缩短一个季度。

还本付息：如果到期后，需要归还本金，并支付利息。例如，短贷 20M，到期时，每桶需要支付 20M×5%=1M 的利息，因此，需要支付本金与利息共计 21M。

获得新贷款：短期贷款在每一季度可以随时申请。可以申请的最高额度为：上一年所有者权益*2-已有短期贷款。

民间融资：民间融资的规则与短期贷款类似，只是贷款的利率不同。

无论短期贷款还是民间融资均以 20M 为最低基本贷款单位。短期贷款及民间融资贷款期限为一年，四个季度。每季度内可以随时进行贷款，但是每季度初如果有到期需要归还贷款，必须首先还款后才能再贷。具体融资规则见表 2-10。

表 2-10 短期贷款和民间融资规则

融资方式	规定贷款时间	贷款额度	还贷规定	利率
短期贷款	每季度初	上年所有者权益的两倍-已贷短期贷款	到期一次还本付息	5%
民间融资	任何时间	银行协商	到期一次还本付息	15%

3. 更新应收款/支付应付账款

每季度执行本项任务一次，如果有应收账款，则应收账款向现金方向移动一季度，应收账款到期后，移到现金中，现金增加；如果有需要支付的应付账款，则应付账款向现金方向移动一季度，应付账款到期后从现金中支付，现金减少。贴现，是将应收账款变成现金的动作，每季度可以随时进行应收款贴现，贴现时按 7 的倍数取应收账款，其中 1/7 需要支付贴现费用，6/7 变成现金，贴现时首先取账期最长的应收账款进行贴现。

4. 支付行政管理费

每个季度必须缴纳 1M 的行政管理费。

5. 长期贷款

更新长期贷款：如果企业有长期贷款，每执行一次本项任务，长期贷款向现金方向移动一年。

支付利息：长期贷款的还款规则是每年付息，到期还本，年利率为 10%。长期贷款到期时，财务经理从现金库中取出现金归还本金及当年的利息，并做好现金收支记录。

申请长期贷款：长期贷款只有在年末可以申请。额度为：上一年所有者权益×2-已有长期贷款。长期贷款也是以 20M 为基本单位。长期贷款期限为 6 年。每年年末，如果有到期需要归还的长期贷款，必须首先还款后才能再贷。具体融资规则见表 2-11。

表 2-11 长期贷款融资规则

融资方式	规定贷款时间	贷款额度	还贷规定	利率
长期贷款	每年年末	上年所有者权益的两倍-已贷长期贷款	年底付息，到期还本	10%

6. 购买（或租赁）厂房

系统设置了 A、B、C 三种厂房，A 厂房可容纳四条生产线，B 厂房可容纳三条生产线，C 厂房可容纳一条生产线。厂房交易和租赁的价格见表 2-12。

表 2-12 厂房交易和租赁规则

厂房	A 厂房	B 厂房	C 厂房
价值	32M	24M	12M
租金/年	4M	3M	2M
售价	32M	24M	12M
生产线	4 条	3 条	1 条

注意：A 厂房为企业自有厂房，可以直接使用。购买生产线，可以直接选择厂房进行安装，在每年年末决定是否购买或者租赁，厂房一旦使用，年底必须决定购买或租赁。厂方可以随时出售，但出售时必须是空厂房才可以。厂房出售后，不能立即收到现金，而是产生 4 个季度的应收账款。

7. 折旧

厂房不计提折旧。生产线按每条生产线余额递减法计提折旧，当年新安装的生产线不计提折旧。折旧=设备价值/3，向下取整。当设备价值下降至 3M 时，每年折旧 1M。

说明：期初生产线设备价值为 10M，其中三条手工线每条剩余设备价值为 2M，一条半自动剩余设备价值为 4M。

8. 关账

一年经营结束，年终进行关账，编制“利润表”和“资产负债表”。系统会根据得分规则自动计算当年各组的得分。

五、各组得分计算规则

（1）各组得分=权益×(1+总分/100)。

（2）总分为以下分数的总和：

1）开发完成的市场：区域加 10 分，国内加 15 分，亚洲加 20 分，国际加 25 分。

2）开发完成的 ISO 认证：ISO9000 加 10 分，ISO14000 加 15 分。

3）目前拥有的安装完成的生产线：手工线每条加 5 分，半自动每条加 10 分，全自动每条加 15 分，柔性每条加 15 分。

4）前拥有自主产权的厂房：A 厂房加 15 分，B 厂房加 10 分，C 厂房加 5 分。

5）研发完成的产品：P2 产品加 5 分，P3 产品加 10 分，P4 产品加 15 分。

6）资金使用：未借民间融资加 20 分，未贴现加 20 分。

7）经营超时：每超 1 分钟减 10 分（不足 1 分钟算 1 分钟）。追加股东投资：减追加投资额乘以 2 的分值。

六、企业经营沙盘的决策流程

模拟企业需要按照一定的经营流程进行经营，图 2-4 是一般企业经营决策的基本流程。

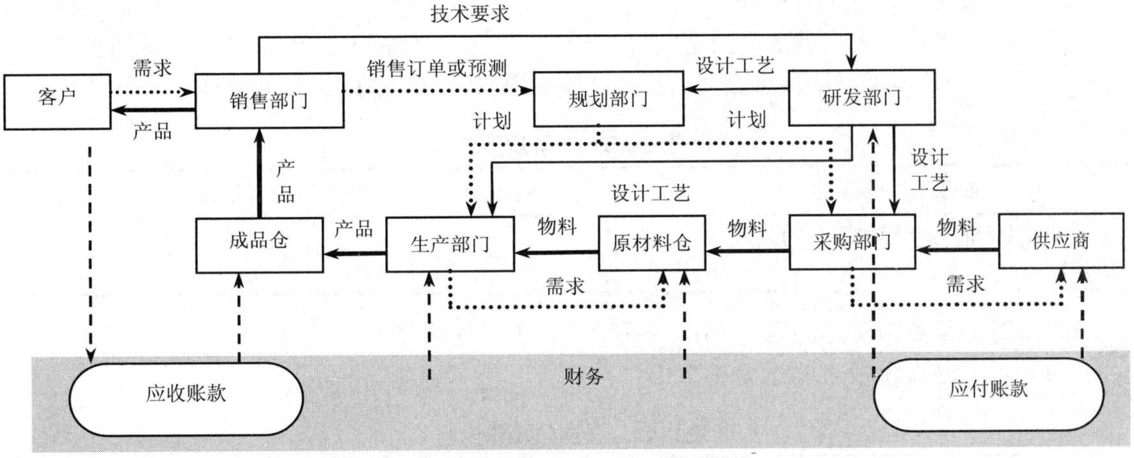

图 2-4 企业经营决策基本流程

根据图 2-4，可以简单地将企业的决策流程描述如下：

（1）首先销售人员获得客户的需要，将客户的产品技术要求反馈给研发部门，同时根据客户的需求状况进行销售预测，形成销售订单，并将信息传递给规划部门。

（2）规划部门根据销售部门传来的信息和研发部门的工艺设计情况，制定生产计划，反馈给生产部门和采购部门。

（3）采购部门在收到生产计划后，结合研发部门发来的生产工艺信息，制定物流需求计划，并根据库存状况向供应商发出订单。供应商在收到订单后在指定的时间内通过采购部门将物料发往生产企业，此时发生采购费用。

（4）生产部门根据生产需要向仓储部门发出物料需求信息，仓储部门根据库存情况向生产部门发出物料，当物料短缺时，仓储部门需要向采购部门发出采购请求。

（5）生产部门根据生产计划、设计工艺和仓储部门提供的物料组织生产，生产完成之后，将产成品转入产品仓库，销售部门在产品仓库中取得货物，交给客户。

任务 4　初始年经营训练

【知识目标】

- 掌握模拟企业第 0 年的运营流程。
- 掌握现金流量表的编制。

【能力目标】

能进行模拟企业第 0 年的运营。

【任务引入】

管理层接管企业之后，接下来就需要进行企业经营，熟悉运营规则，明晰企业运营过程。

任务：根据市场预测情况和企业的初始状况进行模拟企业的第 0 年运营。

【任务分析】

要进行模拟企业第 0 年的运营，首先要了解基本的运营流程，每期需要完成的工作，并能编写相关的会计报表。

【知识链接】

一、第一季度

1．支付应交税，计划新一年

（1）电子沙盘操作：点击电子沙盘右边的“支付应交税”，弹出“交税”对话框，提示根据上一年资产负债表应交税金 2M，点击“规则说明”，填写表 2-13 并完成操作。

表 2-13　缴税规则表

交税规则要求	税率	最大可减亏年数	取整方式
税前利润减去前几年亏损总和的剩余乘以一定的税率取整			

*操作提示：点击“返回”，点击“纳税”，点击“返回”。

（2）手工沙盘和报表操作见表 2-14。

表 2-14　各岗位操作内容

工作岗位	操作内容
财务经理	取 2M 蓝币放在“税金”位置上，同时在现金流量表上记录“–2”

2．制定广告方案

（1）电子沙盘操作：点击电子沙盘右边的“制定广告方案”，弹出“制定广告”对话框，点击“规则说明”，填写表 2-15 并完成操作。

表 2-15　制定广告规则表

规则项目	规则说明
可投放广告前提条件	
选单的顺序	

*操作提示：点击“返回”，填写投放广告金额，点击“提交”“确定”和“返回”。

（2）手工沙盘和报表操作见表 2-16。

表 2-16 各岗位操作内容

工作岗位	操作内容
营销经理	负责确定投放广告金额
财务经理	负责取相应现金投放到“广告”位置。在现金流量表中“广告投入”第一季度位置填写相应金额数

3. 参加订单竞单

（1）电子沙盘操作：点击电子沙盘右边的“参加订单竞单”，弹出“制定竞单”对话框，选取订单后，点击“规则说明”，填写表 2-17 并完成操作。

表 2-17 订单登记表

编号	产品	市场	数量	单价	金额	账期	成本	毛利
1	P1	本地						
2	P1	本地						

*操作提示：系统提示竞单结束后，点击 OK、“返回”。

（2）手工沙盘和报表操作见表 2-18。

表 2-18 各岗位操作内容

工作岗位	操作内容
营销经理	根据选单情况，负责完成表 2-17 内容

4. 制定年度计划

初始年熟悉企业经营流程和规则，暂不作详细计划。

5. 季初现金盘点

手工沙盘和报表操作见表 2-19。

表 2-19 各岗位操作内容

工作岗位	操作内容
财务经理	负责在现金流量表中“季初现金盘点”第一季度位置填写现金数

6. 短期贷款/支付利息

（1）电子沙盘操作：点击电子沙盘右边的“短期贷款/支付利息”，弹出“新贷款”对话框，点击“确定”进行还款（本季度不需要还款），再点击“规则说明”，填写表 2-20 并完成操作。

表 2-20 短期贷款、民间融资额度及利率

融资方式	贷款额度/M	利率
短期贷款		
民间融资		

*操作提示：本季度不贷款，直接点击“返回”。

（2）手工沙盘和报表操作见表 2-21。

表 2-21 各岗位操作内容

工作岗位	操作内容
财务经理	负责在“现金流量表”第一季度还款金额及新贷款金额填写“0”

7. 更新应收款/归还应付款

（1）电子沙盘操作：点击电子沙盘右边的“更新应付款/归还应付款”，弹出“更新应收款”对话框，点击“规则说明”后，填写表 2-22 并完成操作。

表 2-22 应收账款到账表

规则项目	贴现时间	根据应收款额度贴现比例	贴现倍数
应收贴现			

*操作提示：点击“确定”更新应收款；本季度不贴现，点击“返回”。

（2）手工沙盘和报表操作见表 2-23。

表 2-23 各岗位操作内容

工作岗位	操作内容
财务经理	将应收款向现金库方向推进一格，到达现金库时即为现金，在现金流量表做好记录；同样，应付款项亦应向前推进一格，到达现金库时从现金中取出相应金额交予“银行”，并做好付款记录

8. 接受并支付已定的货物

（1）电子沙盘操作：点击电子沙盘右边的“接受并支付已订的货物”，弹出“接受货物”对话框，点击“规则说明”后，填写表 2-24 并完成操作。

表 2-24 材料批量订购应付账款账期表

原材料采购（每个原材料价格 1M）		账期
每种每次原材料采购	5 个或以下	
	6～10 个	
	11～15 个	
	16～20 个	
	20 个以上	

*操作提示：点击“接受”“返回”。

（2）手工沙盘和报表操作见表 2-25。

表 2-25 各岗位操作内容

工作岗位	操作内容
采购经理	负责将原材料订单向前推进一格，到期的 2 个 R2 原材料放入材料库，并通知财务经理付材料款 2M，如有应付账款，用纸条写好金额数，装入空桶，摆放到相应的账期
财务经理	负责支付材料款 2M，并在现金流量表中“接受并支付已定的货物”处填写“–2”

9. 下原料订单

（1）电子沙盘操作：点击电子沙盘右边的“下原材料订单”，弹出“下原材料订单”对话框，点击“规则说明”后，填写表 2-26 并完成操作。

表 2-26　采购提前期规则表

提前期	原材料
提前两个季度采购的原材料	
提前一个季度采购的原材料	

*操作提示：在 R1 原材料填入订购数“1”，然后点击“签约”“确定”“返回”。

（2）手工沙盘和报表操作见表 2-27。

表 2-27　各岗位操作内容

工作岗位	操作内容
采购经理	提交原材料订单后，到“银行”领取相应代表原材料的货币放入盘面的采购订单中

10. 产品研发投资

（1）电子沙盘操作：点击电子沙盘右边的“产品研发投资”，弹出“产品研发投资”对话框，点击“规则说明”后，填写表 2-28 并完成操作。

表 2-28　各产品研发内容

产品	P2	P3	P4
时间	1.5 年（6Q）	1.5 年（6Q）	1.5 年（6Q）
投资总额			
每季度投入费用			

*操作提示：选择研发 P2 产品，点击“研发”“返回”。

（2）手工沙盘和报表操作见表 2-29。

表 2-29　各岗位操作内容

工作岗位	操作内容
生产运营经理	确定研发 P2 产品，通知财务经理把“1M”现金放到产品研发费 P2 的第一格
财务经理	在现金流量表中“产品研发投资”处填写“–1”

11. 更新生产/完工入库

（1）电子沙盘操作：点击电子沙盘右边的“更新生产/完工入库”，弹出“更新生产/完工入库”对话框，点击“规则说明”阅读规则。

*操作提示：点击“更新”“返回”。

（2）手工沙盘和报表操作见表 2-30。

12. 购买或调整生产线

（1）电子沙盘操作：点击电子沙盘右边的“购买或调整生产线”，弹出“生产线更新”对话框，点击“规则说明”，填写表 2-31、表 2-32 和表 2-33 并完成操作。

表 2-30　各岗位操作内容

工作岗位	操作内容
生产运营经理	将各生产线在产的产品向前推进一格，将完工的产品放入成品库
财务经理	在现金流量表中“更新生产/完工入库”处打勾

表 2-31　各生产线情况

生产线	手工	半自动	全自动	柔性
购买价				
安装时间				
生产周期				

表 2-32　生产线转产情况

生产线	手工	半自动	全自动	柔性
转产周期				
转产成本				

表 2-33　生产线变卖情况

生产线	手工	半自动	全自动	柔性
出售残值				

*操作提示：本季度不进行变卖、转产和投资新生产线的操作。

（2）手工沙盘和报表操作：无。

13. 开始新的生产

（1）电子沙盘操作：点击电子沙盘右边的“开始新的生产”，弹出“开始新的生产”对话框，点击“规则说明”，填写表 2-34、表 2-35 并完成操作。

表 2-34　原材料结构表

产品	P1	P2	P3	P4
原材料				

表 2-35　产品加工费用表

生产线 产品	手工线	半自动线	全自动/柔性线
P1			
P2			
P3			
P4			

*操作提示：选定需要新生产的手工生产线，点击“新生产”，点击“返回”。

（2）手工沙盘和报表操作见表 2-36。

表 2-36　各岗位操作内容

工作岗位	操作内容
生产运营经理	将 R1 材料和工人工资 1M 组合放置在开始新生产的手工线第一格中
财务经理	在现金流量表中“开始下一批生产”处填写工人工资“–1M”

14. 交货给客户

（1）电子沙盘操作：点击电子沙盘右边的“交货给客户”，弹出“交货”对话框，点击“规则说明”，填写表 2-37 并完成操作。

表 2-37　订单违约罚款规则

订单类型	最迟交货时间	超出时间违约金/%
一般订单		
加急订单		

*操作提示：如需交货，选择相应订单，点击“交货”；若无法交货或交货结束直接点击“结束交货”“确定”。

（2）手工沙盘和报表操作见表 2-38。

表 2-38　各岗位操作内容

工作岗位	操作内容
生产运营经理	按电子沙盘提交订货的操作，将产品提交到“银行”，领取相应订单的订单金额，放入对应账期的应收账款中，若是 0 个账期的订单，提交后直接放入现金；若被罚款，从现金中提取相应金额放入盘面的“其他”项目中
财务经理	负责在现金流量表“将订单交货给客户”中，按订单款到账季度填写在相应季度的应收账款中；如果是 0 账期，直接登记现金收入数；若被罚款，将罚款金额填写在现金流量表“其他现金收支情况登记（含罚款等）”处

15. 支付行政管理费用

（1）电子沙盘操作：点击电子沙盘右边的“支付行政管理费用”，弹出“支付费用”对话框，点击“规则说明”，阅读规则说明。

*操作提示：点击“支付”“返回”。

（2）手工沙盘和报表操作见表 2-39。

表 2-39　各岗位操作内容

工作岗位	操作内容
财务经理	负责从现金中提取 1M 蓝币放在盘面的“行政管理费用”上，并在现金流量表当季“支付行政管理费”填写“–1”

16. 期末核算

进行本季度的期末盘点与核算工作，各岗位操作内容见表 2-40。

二、第二季度

特别注意：在点击进入下一季度前，先点击本季度的“短期贷款/支付利息”，确定本季度期末现金大于下季度的到期贷款及利息，确保不会因为误操作而使企业断流。

1. 季初现金盘点

财务经理在现金流量表中“季初现金盘点”第二季度位置填写现金数。

表 2-40　各岗位操作内容

工作岗位	操作内容
财务经理	负责当季度的现金收入、现金支出和期末对账
采购经理	负责现金流量表的 “原材料库存”项目，先盘点原材料库存再填入表中
生产运营经理	负责现金流量表的 “在制品”项目，先盘点生产线上的在制品再填入表中
营销经理	负责现金流量表的 “产成品库存”项目，先盘点各产品成品库存数再填入表中
CEO	负责核对各经理的操作情况，如发现有操作错误及时更正

2. 短期贷款/支付利息

（1）电子沙盘操作：点击电子沙盘右边的“短期贷款/支付利息”，弹出“新贷款”对话框，根据规则填写表 2-41 并完成操作。

表 2-41　短期贷款、民间融资还贷时间和金额表

融资方式	贷款时间	贷款金额	还贷时间	偿还本息数合计
短期贷款	第一年第二季度	40	第　年第　季度	
民间融资	第一年第二季度	20	第　年第　季度	

*操作提示：本季度借短期贷款 40M，在短期贷款下拉列表选择 40，点击“新贷款”，再点击“返回”。

（2）手工沙盘和报表操作见表 2-42。

表 2-42　各岗位操作内容

工作岗位	操作内容
财务经理	到银行取 20M“现金”放置在现金库，同时取一个空桶（对应 20M）放置在短期贷款第四季度处，在“现金流量表”处填写好第二季度填写新贷款“20”

3. 更新应收款/归还应付款

（1）电子沙盘操作：点击电子沙盘右边的“更新应收款/归还应付款”，弹出“更新应收款”对话框，根据规则说明填写表 2-43 并完成操作。

表 2-43　应收账款到账表

季度	账期/Q	到账时间
第一年第一季度交货的订单	2	第　年第　季度
第一年第二季度交货的订单	3	第　年第　季度

*操作提示：点击“确定”更新应收款；如需贴现，拟定贴现金额后点击“贴现”“确定”。

（2）手工沙盘和报表操作。

财务经理把应收账款和应付账款向前推进一格。

4. 接受并支付已定的货物

（1）电子沙盘操作：点击电子沙盘右边的“接受并支付已订的货物”，弹出“接受货物”对话框，根据规则说明填写表 2-44 并完成操作。

表 2-44 材料到库表

订原材料时间	原材料数量	材料入库时间	付款时间
第一年第一季度	11R1	第 年第 季度	第 年第 季度
第一年第四季度	4R3	第 年第 季度	第 年第 季度

*操作提示：点击“接受”“返回”。

（2）手工沙盘和报表操作。

采购经理负责更新已定原材料，并通知财务经理付款，财务经理负责登记现金流量表。

5. 下原料订单

（1）电子沙盘操作：点击电子沙盘右边的“下原材料订单”，弹出“下原材料订单”对话框，本季度不订购原材料，点击“跳过”“确定”“返回”。

（2）手工沙盘和报表操作：无。

6. 产品研发投资

（1）电子沙盘操作：点击电子沙盘右边的“产品研发投资”，弹出“产品研发投资”对话框，继续选择研发 P2 产品，点击“研发”“返回”。如果不研发产品，点击“跳过”“返回”。

（2）手工沙盘和报表操作。

生产运营经理确认继续研发 P2，通知财务经理把“1M”现金放到产品研发费 P2 的第二格，财务经理在现金流量表做好记录。

7. 更新生产/完工入库

（1）电子沙盘操作：点击电子沙盘右边的“更新生产/完工入库”，弹出“更新生产/完工入库”对话框，点击“更新”“返回”。

（2）手工沙盘和报表操作。

生产运营经理把在产产品往前推进一格，完工的放入成品仓；财务经理在现金流量表中“更新生产/完工入库”处打勾。

8. 购买或调整生产线

本季度需要变卖一条手工生产线，并新购一条全自动生产线生产 P2。

（1）电子沙盘操作：点击电子沙盘右边的“购买或调整生产线”，弹出“生产线更新”对话框，如有新购生产线，点击“更新”。

1）生产线转产：如需要转产，在对话框的右上角选择需要转产的生产线，在“产品”栏选择已经研发成功并计划生产的产品，点击“转产”，本季度不进行转产操作。

2）变卖生产线操作：在对话框右下角，在生产 P1 的手工线（编号为 2），点击“变卖”，点击“是”，生产线变卖成功。

3）生产线购买：在对话框的左边，选择“全自动生产线”，选择产品 P2，选择“A 厂房”，点击“购买”“是”、OK。

（2）手工沙盘和报表操作。

1）生产线转产操作：本季度不进行转产操作，如需要转产，手工线和柔性线可以随时转产，半自动和全自动生产线需要停产（将生产线反置）和支付转产费。

2）变卖生产线操作：变卖手工生产线，生产运营经理首先按照这条手工生产线价值 2M 计提折旧，从设备价值区取 1M 折旧费用放置在综合管理费用折旧上，剩余的 1M 放置在固清，计入额外支出；生产运营经理把空置的手工线卖给银行，换到相当于设备残值的现金 1M，记入额外收入。

3）生产线购买：生产运营经理去银行取全自动生产线一条和 P2 产品标识一个，生产线翻转放置在 A 厂房，表明生产线还不能生产，同时从现金库取 4M 现金放置在对应设备的价值区。（每个季度更新时，都放置相应的现金到生产线，安装完毕，将全部现金放置到设备价值区对应生产线的编号上。

财务经理根据上面的操作做好现金收付工作和登记现金流量表。

9. 开始新的生产

（1）电子沙盘操作：点击电子沙盘右边的“开始新的生产”，弹出“开始新的生产”对话框，根据规则说明填写表 2-45 并完成操作。

表 2-45 产品直接成本表

产品	P1	P2	P3	P4
直接成本				

注：直接成本=原材料成本+工人工资。

*操作提示：选择需要开始新生产的半自动生产线，点击“新生产”，点击“返回”。

（2）手工沙盘和报表操作。

生产运营经理将 R1 材料和工人工资 1M 组合放置在开始新生产的半自动线第一格中，财务经理在现金流量表做好记录。

10. 交货给客户

（1）电子沙盘操作：点击电子沙盘右边的“交货给客户”，弹出“交货”对话框，若需交货，选择相应订单，点击“交货”；若无法交货或交货完成则点击“结束交货”“确定”。

（2）手工沙盘和报表操作。

根据操作内容按照第一季度的操作方式进行操作。

11. 支付行政管理费用

（1）电子沙盘操作：点击电子沙盘右边的“支付行政管理费用”，弹出“支付费用”对话框，点击“支付”“返回”。

（2）手工沙盘和报表操作。

财务经理从现金中提取 1M 蓝币放在盘面的“行政管理费用”上，并在现金流量表当季“支付行政管理费”填写“–1”。

12. 期末核算

各部门经理按第一季度操作内容进行。

三、第三季度

各公司可按照前两季度的操作自行进行操作。

四、第四季度

1. 支付行政管理费用

支付行政管理费用前的项目各公司可以自行操作。

2. 长期贷款

（1）电子沙盘操作：点击电子沙盘右边的“长期贷款”，弹出“长期贷款”对话框，点击“规则说明”填写表 2-46 并完成操作。

表 2-46 长期贷款规则表

融资方式	规定贷款时间	贷款额度	还贷规定	利率
长期贷款		上年所有者权益的两倍–已贷长期贷款		

*操作提示：先返还长期贷款和利息，本季度需要还利息 4M，点击“确定”、OK；如需进行新的长期贷款，选择长贷额度点击“新贷款”“确定”。

（2）手工沙盘和报表操作见表 2-47。

表 2-47 各岗位操作内容

工作岗位	操作内容
财务经理	1. 放置该年需返还的长贷利息或本息，若是该年只有长贷利息，直接放置在盘面的“利息”项目中，若该年需要偿还本息，将利息放置在盘面的“利息”项目中，将本金返还到“银行”； 2. 如果需要进行长期贷款，从银行取相应现金放入现金库，同时取对应的空桶（每 20M 一个）放置到盘面上长期贷款第 6 年处； 3. 在现金流量表“支付利息/更新长期贷款/申请长期贷款”处填写相应金额

3. 支付设备维护费

（1）电子沙盘操作：点击电子沙盘右边的“支付设备维护费”，弹出“设备维修”对话框，点击“规则说明”，填写表 2-48 并完成操作。

表 2-48 设备维护费用核算表

生产线情况	维护费用
3 条全自动线、2 条半自动线	
2 条在建柔性线、2 条全自动线	

*操作提示：根据各公司可以生产的生产线数，支付维护费用，点击“支付”“返回”。

（2）手工沙盘和报表操作见表 2-49。

表 2-49 各岗位操作内容

工作岗位	操作内容
财务经理	从现金中取出对应的维护费用放置在盘面的“维护”中，并在现金流量表“支付设备维护费”处填写相应金额

4. 购买（或租赁）厂房

（1）电子沙盘操作：点击电子沙盘右边的“购买（或租赁）厂房”，弹出“购买（或租赁）厂房”对话框，点击“规则说明”填写表 2-50 并完成操作。

表 2-50　厂房租赁与购买

厂房	可容纳生产线	年租赁费用	购买费用
A			
B			
C			

*操作提示：A 厂房自有，不需要购买和支付租金，如果使用 B、C 厂房，需要确定购买或租赁，之后点击“提交”“返回”。

（2）手工沙盘和报表操作见表 2-51。

表 2-51　各岗位操作内容

工作岗位	操作内容
生产运营经理	1. 负责通知财务经理将租赁的费用放入盘面的“租金”项目中； 2. 如需购置 B、C 厂房，通知财务经理现金中提取相应购置费用放置在厂房价值区
财务经理	在现金流量表“支付租金/购买厂房”处填写相应金额

5. 计提折旧

（1）电子沙盘操作：点击电子沙盘右边的“折旧”，弹出“折旧”对话框，点击“规则说明”，填写表 2-52 并完成操作。

表 2-52　设备价值折旧

设备价值/M	第一次折旧/M	生产线价值不足 3M 时，折旧
8		
16		
24		

*操作提示：根据投产第 2 年以后的生产线数和生产线价值，进行折旧，点击“提交”“返回”。

（2）手工沙盘和报表操作见表 2-53。

表 2-53　各岗位操作内容

工作岗位	操作内容
生产运营经理	将设备价值区中需折旧的生产线提取出相应折旧额度放置在盘面的“折旧”上
财务经理	在利润表的“计提折旧”处填写相应数额（注：折旧折扣的是生产线的设备价值，不影响当前现金）

6. 市场开拓/ISO 资格认证

（1）电子沙盘操作：点击电子沙盘右边的“市场开拓/ISO 资格认证”，弹出“投资”对话框，点击“规则说明”，填写表 2-54 并完成操作。

表 2-54 市场、ISO 投资情况

市场	区域	国内	亚洲	国际	ISO9000	ISO14000
投资时间						
总投资						
每年投资						

*操作提示：选择投资的相应市场和管理体系认证后，点击“投资”“返回”。

（2）手工沙盘和报表操作见表 2-55。

7. 期末核算

*操作提示：按第一季度本项操作内容进行。

表 2-55 各岗位操作内容

工作岗位	操作内容
营销经理	提交投资方案后，将投资金额从现金中提取放置在盘面相应的市场或认证费用中
财务经理	在现金流量表“市场开拓/ISO 资格认证”处填写相应金额

8. 关账

*操作提示：财务报表、盘面摆置核对无误后关账，财务经理在现金流量表“结账”处打勾，表示当年操作结束。表 2-56 是第 0 年经营现金流量表。

表 2-56 第 0 年经营现金流量表

请按顺序执行下列各项操作。 财务经理（助理）在方格中填写现金收支情况。				
经营步骤	1Q	2Q	3Q	4Q
新年度规划会议/制定新年度计划				
支付应付税				
投放广告				
参加订货会/登记销售订单				
季初现金盘点（请填余额）				
更新短期贷款/还本付息				
借入短期贷款/借入民间融资				
更新应收款/归还应付款				
支付并接受已订货物/下原材料订单				
产品研发投资				
更新生产/完工入库				
生产线转产				
变卖生产线				
购买生产线				
开始下一批生产				
按订单交货给客户/交违约金				

续表

支付行政管理费					
支付利息/更新长期贷款					
申请长期贷款					
支付设备维修费					
支付租金/购买厂房					
计提折旧					
新市场开拓/ISO资格认证投资					
关账					
现金收入合计					
现金支出合计					
期末现金对账（请计算余额）					
期末盘点	期末现金对账（请填盘面余额）				
	原材料库存（采购经理填写）				
	在制品（生产经理填写）				
	产成品库存（营销经理填写）				

注意： 关账前，一定要先点本季度的“短期贷款/支付利息”，确保现金足够支付广告费用和下季度需要偿还的短期贷款本金和利息。

表2-56是第0年经营现金流量表，请学员根据经营情况填写。

注意：

（1）第一季度的季初现金盘点余额为上一年度的第四季度的期末现金余额扣除已支付的广告费用和上交的税费后的数额。以后各季期初现金盘点数额为上一季度末的现金金额。

（2）期末现金金额：季初现金盘点+现金收入合计–现实支出合计。

训练篇　基本方法、经营策略和分析工具

训练角色一　营销经理

企业经营沙盘模拟训练中，企业经营总体战略规划的流程如图 3-1 所示。

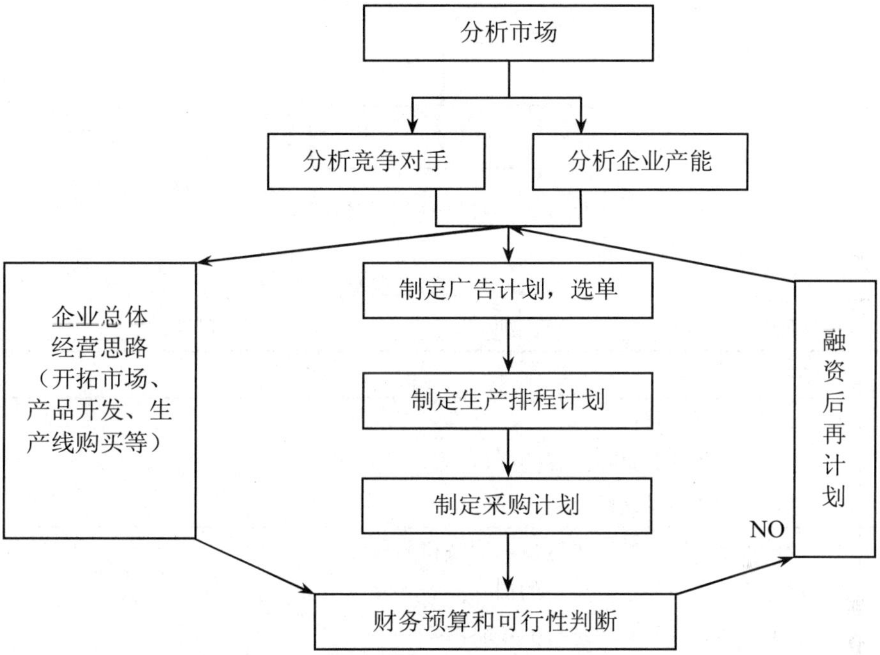

图 3-1　制定企业经营战略规划流程图

随着卖方市场的出现，生产企业间的竞争日益激烈，因此连接买方和卖方的市场营销就显得更加重要。市场营销虽然不是企业成功的唯一因素，但是关键因素。美国著名管理学家 Peter Drucker 曾指出：市场营销是企业的基础，不能把它看作是单独的职能。从营销的最终成果，亦即从顾客的观点看，市场营销就是整个企业。企业经营的成功不是取决于生产者，而是取决于顾客。当今，市场营销已成为企业经营活动首先考虑的第一任务，这一点在发达市场经济国家显得尤为突出。在企业经营模拟沙盘中市场营销也是特别重要，因此营销经理与营销助理的的压力也特别大。

在企业经营模拟沙盘中，营销经理和营销助理的主要职责如下：

（1）进行市场调研并分析市场。

（2）进行市场定位并开拓新市场。

（3）制定企业营销策略（主要是确定广告投放）。

（4）获取市场（客户）订单。

营销经理在企业经营模拟沙盘中的主要工作流程如图 3-2 所示。

本训练情境的训练任务主要是要掌握市场分析、竞争对手分析、制定广告计划和选择订

单的方法和策略。训练任务单见表 3-1。

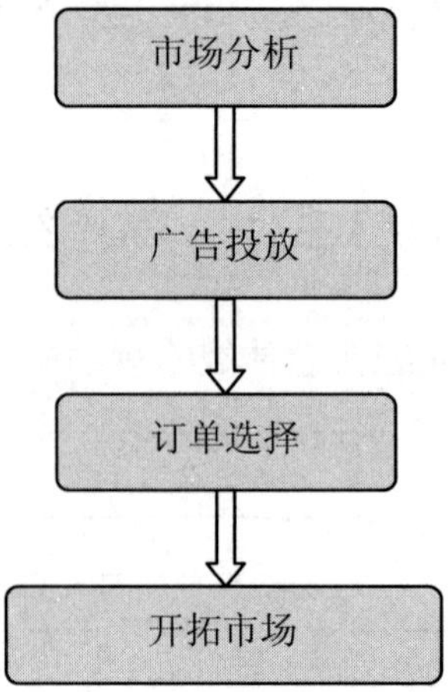

图 3-2 营销经理工作流程

表 3-1 训练任务单

姓名：________ 专业班级：_________ 学号：_________ 日期：______年_____月_____日

训练角色	营销经理
训练任务目标	1．会分析市场环境； 2．掌握广告投放和订单选择的策略； 3．掌握开拓市场的策略
任务步骤	1．分析各细分市场的需求数量、价格和毛利； 2．进行投放广告和选择订单的训练； 3．学习广告投放和订单选择的策略； 4．学习开拓市场的策略

工作过程记录（学生完成）：

工作步骤	任务要求	学习过程详细记录
分析市场环境	对市场预测图进行分析，完成表 3-2～表 3-7 内容	□全部完成 □基本完成 □未完成
投放广告策略	投放广告的策略主要包括	
选择订单策略	选择订单的策略主要包括	
市场开拓策略	市场开拓的策略主要包括	
经营业绩	模拟企业经营排名	□权益前 3 名 □正常经营 □已破产

工作小结与体会（学生完成）：

签名： 年 月 日

结果考核（教师完成或指定学生互评）：

（ ）通过 （ ）不通过

签名： 年 月 日

任务1　分析市场环境

【知识目标】

掌握市场分析和定位的基本方法。

【能力目标】

能依据市场预测图对各市场进行分析。

【任务引入】

请点击电子沙盘右边的“经营分析”，选择“市场预测”，查看市场预测图表，并分析第1年至第6年各细分市场的需求数量、单价和单位毛利，见表3-2～表3-7。

表3-2　第1年市场分析表

产品		本地	区域	国内	亚洲	国际	合计
P1	需求数量/个						
	单价/M						
	单位毛利/M						

表3-3　第2年市场分析表

产品		本地	区域	国内	亚洲	国际	合计
P1	需求数量/个						
	单价/M						
	单位毛利/M						
P2	需求数量/个						
	单价/M						
	单位毛利/M						
P3	需求数量/个						
	单价/M						
	单位毛利/M						

表3-4　第3年市场分析表

产品		本地	区域	国内	亚洲	国际	合计
P1	需求数量/个						
	单价/M						
	单位毛利/M						
P2	需求数量/个						
	单价/M						
	单位毛利/M						
P3	需求数量/个						
	单价/M						
	单位毛利/M						

续表

产品		本地	区域	国内	亚洲	国际	合计
P4	需求数量/个						
	单价/M						
	单位毛利/M						

表 3-5　第 4 年市场分析表

产品		本地	区域	国内	亚洲	国际	合计
P1	需求数量/个						
	单价/M						
	单位毛利/M						
P2	需求数量/个						
	单价/M						
	单位毛利/M						
P3	需求数量/个						
	单价/M						
	单位毛利/M						
P4	需求数量/个						
	单价/M						
	单位毛利/M						

表 3-6　第 5 年市场分析表

产品		本地	区域	国内	亚洲	国际	合计
P1	需求数量/个						
	单价/M						
	单位毛利/M						
P2	需求数量/个						
	单价/M						
	单位毛利/M						
P3	需求数量/个						
	单价/M						
	单位毛利/M						
P4	需求数量/个						
	单价/M						
	单位毛利/M						

表 3-7　第 6 年市场分析表

产品		本地	区域	国内	亚洲	国际	合计
P1	需求数量/个						
	单价/M						
	单位毛利/M						

续表

产品		本地	区域	国内	亚洲	国际	合计
P2	需求数量/个						
	单价/M						
	单位毛利/M						
P3	需求数量/个						
	单价/M						
	单位毛利/M						
P4	需求数量/个						
	单价/M						
	单位毛利/M						

注：合计只需要合计需求数量。

团队的分析结论是：

____

____

____

____

____

____

【任务分析】

企业要想在激烈的竞争中获胜就必须生产适销对路的产品，任何脱离市场需求而闭门造车的企业，必将陷入销售的困境。企业在决定生产什么产品和生产多少数量之前，必须首先了解市场的需求情况，对市场的需求情况作出详细的分析，并且作为生产的主要依据，这样才能够保证企业的产品能够畅销，并获取竞争的胜利。

【知识链接】

新管理层上任之后，对市场未来的发展趋势应当有所了解，因为这将影响企业未来的战略规划和运作管理。在企业经营沙盘模拟训练中，市场可以细分，见表 3-8。

表 3-8 企业经营沙盘市场细分

产品	本地	区域	国内	亚洲	国际
P1	本地 P1	区域 P1	国内 P1	亚洲 P1	国际 P1
P2	本地 P2	区域 P2	国内 P2	亚洲 P2	国际 P2
P3	本地 P3	区域 P3	国内 P3	亚洲 P3	国际 P3
P4	本地 P4	区域 P4	国内 P4	亚洲 P4	国际 P4

在设定区域初始化状态的时候，为了保证在企业经营沙盘中竞争的公平性，都会根据不同的组数给出统一的市场预测图表，市场预测的图表包括每年度在不同细分市场不同产品的需求和价格。这些预测来自于一家业内公认的市场调研咨询公司，它针对市场发展前景的预测有

着较高的可信度。因此在企业经营沙盘中，需要能看懂给定的市场需求预测图并对其进行深入的分析。如图 3-3 是 ITMC 电子沙盘六组市场需求预测图。

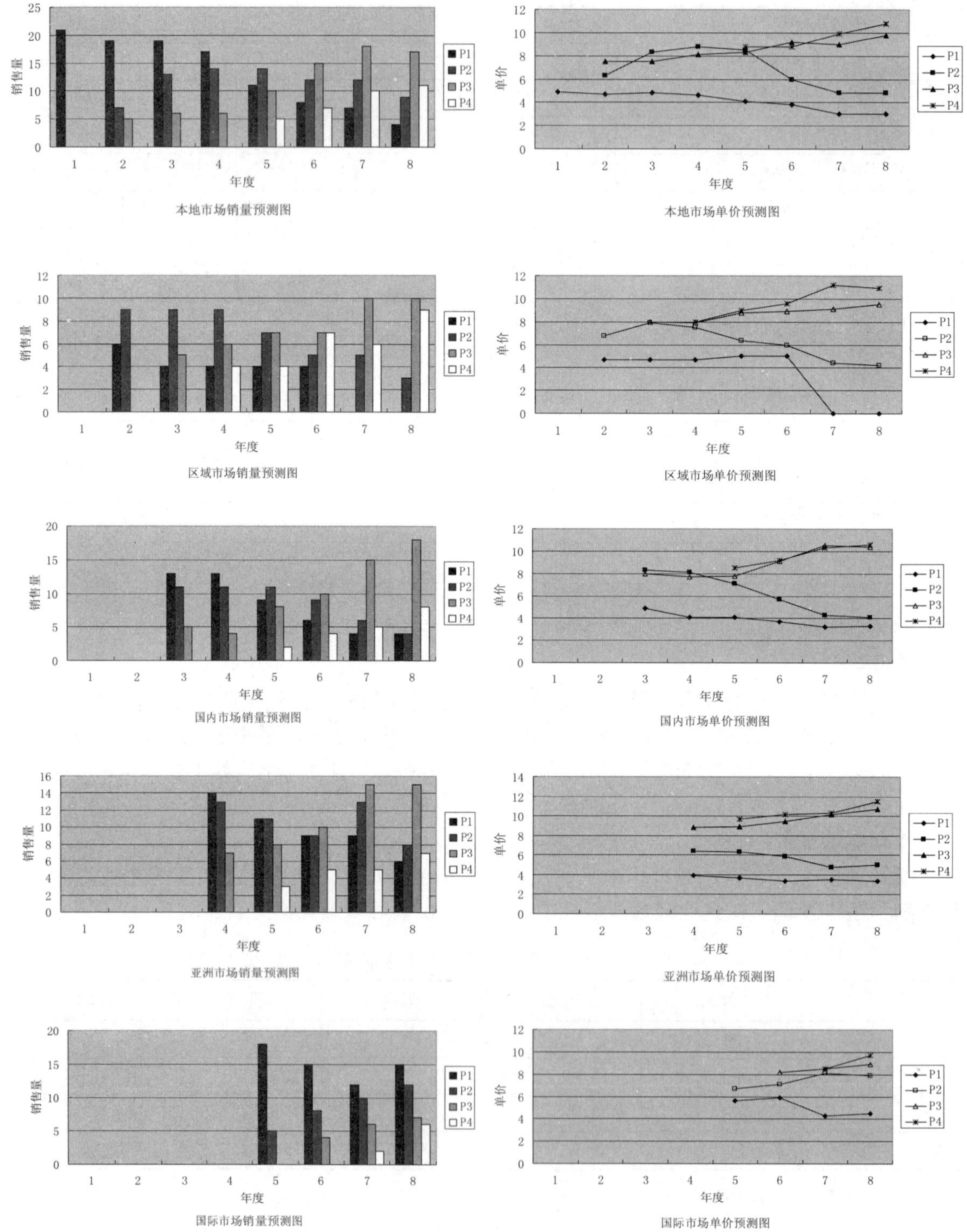

图 3-3　六组市场预测图

根据图 3-3 制定市场分析表，见表 3-9～表 3-16。

表 3-9　第 1 年市场分析表

产品		本地	区域	国内	亚洲	国际	合计
P1	数量/个	21					21
	价格/M	5					
	单位毛利/M	3					

表 3-10　第 2 年市场分析表

产品		本地	区域	国内	亚洲	国际	合计
P1	数量/个	19	6				25
	价格/M	4.7	4.7				
	单位毛利/M	2.7	2.7				
P2	数量/个	7	9				16
	价格/M	6.3	6.8				
	单位毛利/M	3.3	3.8				
P3	数量/个	5					5
	价格/M	7.5					
	单位毛利/M	3.5					

表 3-11　第 3 年市场分析表

产品		本地	区域	国内	亚洲	国际	合计
P1	数量/个	19	4	13			36
	价格/M	4.8	4.7	4.9			
	单位毛利/M	2.8	2.7	2.9			
P2	数量/个	13	9	11			33
	价格/M	8.3	7.9	8.2			
	单位毛利/M	5.3	4.9	5.2			
P3	数量/个	6	5	5			16
	价格/M	7.5	8	8			
	单位毛利/M	3.5	4	4			

表 3-12　第 4 年市场分析表

产品		本地	区域	国内	亚洲	国际	合计
P1	数量/个	17	4	13	14		48
	价格/M	4.6	4.4	4.1	3.9		
	单位毛利/M	2.6	2.4	2.1	1.9		
P2	数量/个	14	9	11	13		47
	价格/M	9	7.8	8.1	6.4		
	单位毛利/M	6	4.8	5.1	3.4		

续表

产品		本地	区域	国内	亚洲	国际	合计
P3	数量/个	6	6	4	7		23
	价格/M	8.1	8	7.7	8.8		
	单位毛利/M	4.1	4	3.7	4.8		
P4	数量/个		4				4
	价格/M		8				
	单位毛利/M		3				

表 3-13 第 5 年市场分析表

产品		本地	区域	国内	亚洲	国际	合计
P1	数量/个	11	4	9	11	18	53
	价格/M	4.1	5	4.1	3.7	5.6	
	单位毛利/M	2.1	3	2.1	1.7	3.6	
P2	数量/个	14	7	11	11	5	48
	价格/M	8.5	6.4	7.1	6.3	6.7	
	单位毛利/M	5.5	3.4	4.1	3.3	3.7	
P3	数量/个	10	7	8	8		33
	价格/M	8.2	8.8	7.8	8.9		
	单位毛利/M	4.2	4.8	3.8	4.9		
P4	数量/个	5	4	2	3		14
	价格/M	8.8	9	8.5	9.8		
	单位毛利/M	3.8	4	3.5	3.8		

表 3-14 第 6 年市场分析表

产品		本地	区域	国内	亚洲	国际	合计
P1	数量/个	8	4	6	9	15	42
	价格/M	3.7	5	3.7	3.4	5.9	
	单位毛利/M	1.7	3	1.7	1.4	3.9	
P2	数量/个	12	5	9	9	8	43
	价格/M	6	6	5.7	5.9	7.1	
	单位毛利/M	3	3	2.7	2.9	4.1	
P3	数量/个	15	7	10	10	4	46
	价格/M	9.6	8.9	9.1	9.5	8.2	
	单位毛利/M	5.6	4.9	5.1	5.5	4.2	
P4	数量/个	7	7	4	5		23
	价格/M	8.8	9.6	9.2	10		
	单位毛利/M	3.8	4.6	4.2	5		

表 3-15　第 7 年市场分析表

产品		本地	区域	国内	亚洲	国际	合计
P1	数量/个	7	0	4	9	12	32
	价格/M	3	0	3.2	3.5	4.3	
	单位毛利/M	1	0	1.2	1.5	2.3	
P2	数量/个	12	5	6	13	10	46
	价格/M	6	4.4	4.3	4.8	8.1	
	单位毛利/M	3	1.4	1.3	1.8	5.1	
P3	数量/个	18	10	15	15	6	64
	价格/M	9	9.1	10.5	10.3	8.5	
	单位毛利/M	5	5.1	6.5	6.3	4.5	
P4	数量/个	10	6	5	5	2	28
	价格/M	10	11.2	10.3	10.3	8.5	
	单位毛利/M	5	6.2	5.3	5.3	3.5	

表 3-16　第 8 年市场分析表

产品		本地	区域	国内	亚洲	国际	合计
P1	数量/个	4	0	4	6	15	29
	价格/M	3	0	3.5	3.4	4.5	
	单位毛利/M	1	0	1.5	1.4	2.5	
P2	数量/个	9	3	4	8	12	36
	价格/M	4.8	4.3	4.1	5	7.9	
	单位毛利/M	1.8	1.3	1.1	2	4.9	
P3	数量/个	17	10	18	15	7	67
	价格/M	9.8	9.5	10.4	10.7	8.9	
	单位毛利/M	5.8	5.5	6.4	6.7	4.9	
P4	数量/个	11	9	8	7	6	41
	价格/M	10.8	10.9	10.6	11.5	9.7	
	单位毛利/M	5.8	4.9	5.6	6.5	4.7	

为了进一步确定企业的目标市场，进行正确的市场定位，还可以利用波士顿矩阵进行分析，如图 3-4 所示。

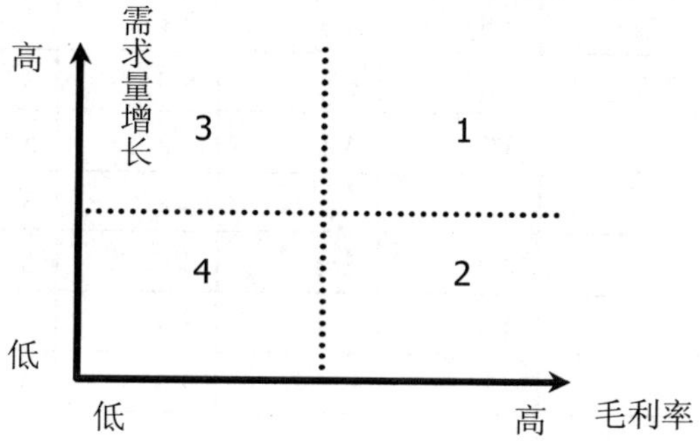

图 3-4　波士顿矩阵

如图 3-4 所示，波士顿矩阵需要在对每年的每个细分市场情况进行详细分析的基础上，分析各年各细分市场的需求增长率和各细分市场的产品毛利情况，将各年各细分市场的需求增长率计算后填入表 3-17，将各细分市场的单位产品毛利填入表 3-18，然后再绘制波士顿矩阵图，最后做出细分市场的选择策略。

表 3-17 各年市场需求增长率表/%

市场	产品	第 1 年	第 2 年	第 3 年	第 4 年	第 5 年	第 6 年	第 7 年	第 8 年
本地	P1		-9.5	0	-10.5	-35.3	-27.3	-12.5	-42.9
	P2			85.7	7.7	0	-14.3	0	-25
	P3			20	0	66.7	50	20	-5.6
	P4					0	40	42.9	10
区域	P1			-33.3	0	0	0	-100	0
	P2			0	0	-22.2	-28.6	0	-40
	P3				20	16.7	0	42.9	0
	P4					0	75	-14.3	50
国内	P1				0	-30.8	-33.3	-33.3	0
	P2				0	0	-18.2	-33.3	-33.3
	P3				-20	100	25	50	20
	P4					0	100	25	60
亚洲	P1					-21.4	-18.2	0	-33.3
	P2					-15.4	-18.2	44.4	-38.5
	P3					14.3	25	50	0
	P4						66.7	0	40
国际	P1						-16.7	-20	25
	P2						60	25	20
	P3							50	16.7
	P4							0	200

表 3-18 各年细分市场单位产品单位毛利表

市场	产品	第 1 年	第 2 年	第 3 年	第 4 年	第 5 年	第 6 年	第 7 年	第 8 年
本地	P1	3	2.7	2.8	2.6	2.1	1.7	1	1
	P2		3.3	5.3	6	5.5	3	3	1.8
	P3		3.5	3.5	4.1	4.2	5.6	5	5.8
	P4					3.8	3.8	5.5	5.8
区域	P1		2.7	2.7	2.4	3	3	0	0
	P2		3.8	4.9	4.8	3.4	3	1.4	1.3
	P3			4	4	4.8	4.9	5.1	5.5
	P4				3	4	4.6	6.2	4.9

续表

市场	产品	第1年	第2年	第3年	第4年	第5年	第6年	第7年	第8年
国内	P1			2.9	2.1	2.1	1.7	1.2	1.5
	P2			5.2	5.1	4.1	2.7	1.3	1.1
	P3			4	3.7	3.8	5.1	6.5	6.4
	P4					3.5	4.2	5.3	5.6
亚洲	P1				1.9	1.7	1.4	1.5	1.4
	P2				3.4	3.3	2.9	1.8	2
	P3				4.8	4.9	5.5	6.3	6.7
	P4					4.8	5	5.3	6.5
国际	P1					3.6	3.9	2.3	2.5
	P2					3.7	4.1	5.1	4.9
	P3						4.2	4.5	4.9
	P4							3.5	4.7

学员可以根据表 3-17 和表 3-18 的数据自行绘制成波士顿矩阵，通过波士顿矩阵分析可以得出区间 1 的产品市场属于明星类细分市场，是需要重点发展的细分市场，区间 2、3 应该适当关注，区间 4 的产品市场属于瘦狗类细分市场，应逐步退出。但是需要指出的是由于在企业经营沙盘中，波士顿矩阵得出的目标细分市场有时候也不是最优的细分市场，在不同的竞争环境下，会有不同的最优细分市场，关键在于避开多数竞争者的竞争。

表 3-19 是按产品统计的所有市场每年的总需求，作为企业扩张产品产能的主要依据。

表 3-19　各年产品所有市场需求汇总表

产品	第1年	第2年	第3年	第4年	第5年	第6年	第7年	第8年
P1	21	25	36	48	53	42	32	29
P2		16	33	47	48	43	46	36
P3		5	16	23	33	46	64	67
P4				4	14	23	28	41

一般情况下，某种生产线的产能扩张最好不超过生产该产品的企业的平均需求数的 1.5 倍。例如，第 5 年生产 P2 的企业有 6 家，那么平均需求为 48÷6=8，那么生产 P2 的产能最好不要超过 8×1.5=12 个。

任务 2　投放广告策略

【知识目标】

- 了解广告投放规则。
- 掌握广告投放的主要考虑因素。

【能力目标】

能投放合理广告，实现广告投放效益最大化。

【任务引入】

在第 1 年的竞单中，各组的广告效果并不相同，广告并不是越多越好，投放量大也不一定可以获得最好的订单，还要取决于其他竞争对手的广告投放情况，在其他竞争对手都投放小额广告时，企业投放中等广告，也能获得很好的订单。

任务：根据第 1 年广告投放情况总结广告投放策略。

【任务分析】

在企业经营沙盘模拟训练中，很多团队在第 1～2 年内制定广告投入计划时，往往是“盲目冲动、争当标王”，造成平均广告成本大，企业亏损严重，导致资金短缺，甚至造成企业资金断流而“破产倒闭”。但是经过几年经营之后，有些团队又开始采用保守的广告策略，而这时竞争往往已经到了白热化的程度，投入较小的广告不能获得相应的订单，使企业的产品积压，资金无法回流而“断流破产倒闭”。因此需要掌握投放广告的策略，并很好地运用到企业经营模拟训练中。

【知识链接】

在企业经营沙盘的经营过程中，制定广告方案是最关键的，也是最难确定的。因为在企业经营沙盘中，企业在销售市场的竞争集中体现为广告投入的竞争，广告投入情况直接决定了产品销售量和销售额，直接关系到企业经营的成败，因此广告投入对于企业来说是生死攸关的。但广告又是最难制定的，因为在企业经营沙盘中，是按照广告投入多少的顺序来决定选单顺序的，因此广告投入就变成了所有竞争者之间的一种博弈，并非广告投放量大就一定可以获得最好的订单，还要取决于其他竞争对手的广告投放情况，在其他竞争对手都投放小广告时，企业投放中等广告，例如第 1 年时投放 4M，也会拿到最大单，但如果大家都投放大广告，即使企业投放 8M 的大广告也不一定可以拿到理想的订单。一般来说企业的广告投入，应该考虑几个方面的因素：

（1）市场需求的总体状况。

（2）竞争对手的状况。

（3）企业自身可供销售的产品数量。

（4）企业财务状况（尤其是现金）。

企业只有在综合考虑以上因素后才能作出更正确的广告决策。制定广告策略的流程图如图 3-5 所示。

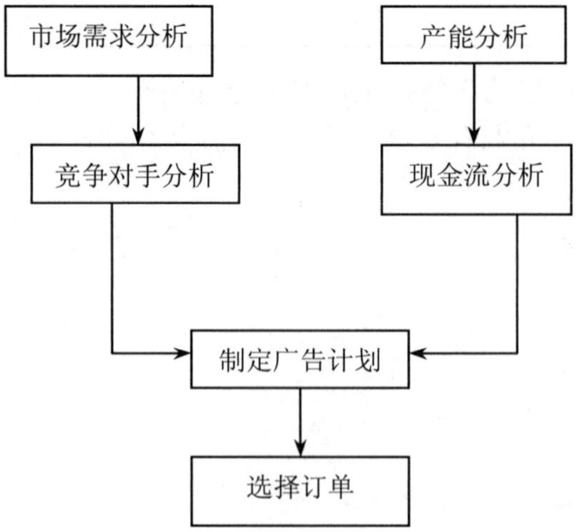

图 3-5 广告投放决策流程图

一、广告投放规则解读

在企业经营沙盘模拟训练中，由于广告投放的重要性，使广告投放成为营销经理的最主要职责。如果想要以尽量少的广告获取理想的订单，首先要熟悉企业经营沙盘中广告投放和竞单规则。广告费有两个作用，一是获得获取订单的机会，二是确定选单顺序。

1. 广告投放

只有对应的分市场已经开拓完成，并在对应的分市场和分产品中投入1M以上的产品广告费，才可以获得拿取订单的机会（如果不投产品广告没有选单机会），每次机会允许取得一张订单；如果订单太少，可能在自己选单前订单已经被选完，那也将失去选择订单机会，如果订单较多，可能有两次以上的选单机会；如果要获取有ISO要求的订单，必须获得ISO认证资格证书，无需再投入广告费。广告投放单见表3-20。

表3-20　广告投放单

______组　第______年广告投放单

产品	本地	区域	国内	亚洲	国际
P1					
P2					
P3					
P4					

2. 选单顺序

（1）各公司将广告费按市场、产品填写在广告登记表中。

（2）订货会依照本地、区域、国内、亚洲和国际市场的顺序依次召开，在每个市场中依照P1、P2、P3和P4的顺序，依次选单，对于已经结束选单的市场或产品，同一年份中，不允许再进行选单。

（3）排定选单顺序，选单顺序依据以下顺序原则确定：

1）按照每个市场单一产品的广告投放量的多少顺序依次选单。

2）如果在同一市场、同一个产品投入的广告费用相同时，则比较该产品所有市场广告投入之和，按照多少顺序依次选单。

3）如果单一产品所有市场广告投入总量也一样时，则比较所有产品，所有市场的广告总投入，按照多少顺序依次选单。

4）如果所有产品、所有市场的广告总投入也相同，按照广告投放的时间顺序依次排定选单顺序。

（4）按选单顺序分轮次进行选单，有资格的公司在各轮中只能选择一张订单。当第一轮选单完成后，如果还有剩余的订单，还有选单机会的公司可以按选单顺序进入下一轮选单。

注：选择订单时，可以根据企业的生产能力放弃选择订单的权利，当放弃某市场的选单，在本市场的本产品中，不得再次选单。

二、广告投放的影响因素

企业广告投入量的多少直接影响到企业的选单情况，进而影响企业的销售量，因此广告投放是否合理，就成为企业成败的关键。模拟公司在投放广告时，一般要考虑下述五个方面的影响因素。

1. 市场需求的总体状况

市场的需求状况是指在按照市场预测图中相应年份的每个市场的产品需求状况。也就是任务一的分析表。因为市场的规模和企业的资源是有限的，一个企业不可能将全部或大部分订单选完，同时一个企业也很难在所有市场和所有的产品同时都投入广告。因此企业需要根据市场需求来考虑主打哪些市场和哪些产品，也就是在市场需求分析的基础上确定好市场定位和产品定位。基于上述分析，需要注意如下几个问题：

（1）选择的市场和产品要满足可销售因素，必须重视需求量大的市场和产品，否则可能接不到订单或接单不足。

（2）要考虑价格高的市场和毛利高的产品，以保证企业经营的盈利性。

（3）要考虑市场的供求关系，并能在供不应求、供过于求和供求平衡的不同条件下选择不同的广告投放策略。

2. 竞争对手

众所周知，打仗的时候需要“知己知彼”，经营一个企业更应该如此。企业经营沙盘模拟训练中的竞争气氛异常激烈，如果对竞争对手缺乏了解且不能制定相应的对策，必定会“经营惨淡”。对竞争对手的分析包括对竞争对手的产量、市场开拓等情况的了解。这里需要强调的是，对于投放广告来说，竞争对手的管理现状、经营气氛、CEO 表现以及营销经理的个性需要特别关注，因为这会影响到企业的广告投放倾向。具体包括下面几项内容：

（1）清晰了解竞争对手产品研发和市场开拓的信息，不仅要了解已经开发的产品和已经开拓的市场，还需要了解正在研发的产品和正在开拓的市场，还需要多少周期，何时可以参与到这个市场或这个产品的竞争中。

（2）掌握竞争对手可供销售的产品数量，包括对手的产品库存情况、生产线的产能情况、新生产线开工情况等。

（3）了解对手的资金状况，关注对手的当前现金、应收账款和应付账款的情况，从而推断对手可以投放广告的资金多少。

（4）关注竞争对手的管理现状，包括 CEO 和销售经理的个性、经营气氛、对手可能采用的策略等。

面对风险型的竞争对手，企业最好采取跟随广告策略，投入适中广告以获取中等订单，如果一定要同其竞争大单，则必须要下重金。如果面对的是保守型竞争者，则采取高广告的策略对企业更有利，企业只需要适当投高广告则可确定获得大订单。

3. 可供销售产品数量

可供销售产品数量就是企业在指定的时间能够用来销售的产品数量，包括产能和库存。在企业经营沙盘模拟训练中，很多团队在经营的前几年往往是销售和生产脱节，营销部门和生产部门各自为政，营销花大广告接回来的订单生产不出来或者是生产出来的产品没有订单，变成了库存，造成资金积压。经过几年惨淡的经营，随着对企业运作的深入了解，才会对短期“以产定销”和长期“以销定产”有深刻的认识。

企业可供销售的产品数量可以用式（3-1）计算：

$$全年最大可供销售的产品=期初产品库存量+本年产能 \tag{3-1}$$

其中本年产能是企业全年最大生产能力，按照不同生产线推算出企业的产能如下：

（1）手工生产线年初在制品在最后一格的一年可以生产下线 2 个产品，其他状态的只能生产下线 1 个产品。

（2）半自动生产线一年可以生产下线 2 个产品。

（3）全自动和柔性生产线全年可以生产下线 4 个产品。

（4）半自动、全自动和柔性生产线如果年初是空置，第一季度才投产的，需要减少一个产品。

在投放广告前，按照不同的产品逐一计算相应数值填入表 3-21。

表 3-21　企业（　）年可供销售产品数量

产品	期初库存	本年产能	最大可供销售量
P1			
P2			
P3			
P4			

可供销售产品的数量，对广告投入有直接的影响。因为需要销售的产品越多，企业需要投入的广告额也越大，如此才可能拿到更多的订单将产品销售出去，相反如果可供销售产品少，则只需要拿小订单就可以了，因此只需要投入较少的广告。

4. 现金

现金是企业经营的命脉，如果企业现金断流，那么在企业经营沙盘规则中判定企业因资金断流而退出竞争。在企业经营沙盘模拟训练中，很多团队的营销经理在制定广告计划时，不和财务经理协商，在经营的前几年尤甚。结果造成经营流动资金严重不足，不能新购生产线来扩大产能，甚至是资金断流破产。

广告投放将直接消耗现金，而且是作为净损耗，直接使得企业亏损和所有者权益减少。因此企业现金约束是企业投放广告时需要重点考虑的因素，特别是到后期广告费用比较高的时候，更加需要重点考虑，而且在投放广告前就要做好全年的预算，严密监视现金流，不能因为单纯想要拿大订单，投入大广告，结果导致现金断流，那将是得不偿失。

在考虑广告投入资金总额的时候，一般需要考虑如下几个因素：

（1）了解企业当前的现金流量。

（2）考虑近期可以回收的应收账款和近期要支付的应付账款。

（3）估计本年可以完成销售额，广告费用应该是本年销售额的一定百分比，一般控制在 10%～15%之间。

5. 利润空间

利润空间是指企业销售出去产品的销售额在扣去生产直接成本和广告费用之后的最大利润。根据相关经济理论，企业进行经营的重要目的就是利润最大化，在企业经营沙盘中也不例外，模拟企业经营也是要获取利润的，因此企业广告投放的上限就是销售收入扣除生产成本和广告费用之后的最大毛利要大于等于 0，否则企业将亏损，这也是模拟企业的管理层所不愿意看到和接受的。

$$\text{企业广告投放的上限}=\text{销售收入}-\text{生产成本} \tag{3-2}$$

三、广告投放策略分析

1. 大额广告策略

模拟企业为了在经营前几年获得优势，多取得有利订单，一开始就投入大额广告费，以求达到先发制人、遏制竞争对手之目的，一般采用这种方法时要注意四点：

（1）注意广告费投入要有一个限度，有时广告费过大会得不偿失，因为广告费和权益值是成反比的关系。

（2）要时刻注意对手的广告费投入情况。要对竞争对手的广告额有一个大概的估计，以免在投入相同广告额时造成两败俱伤。

（3）广告费投入要考虑市场预测、产能、产品组合和现存资金等因素，要对可能竞争到的订单有一个大概的估计，做到有的放矢。

（4）当投放大广告获得理想广告，产品基本能销售出去，并能在利润上获得优势时，那么本年应该适当新购生产线，以期在下一年继续保持优势。

2. 小额广告策略

模拟企业采用与大额广告战略相反，小额广告战略的广告投入和产出比最大，但竞争到的订单毛利较小，容易造成产品积压，致使前期发展缓慢。

3. 中间广告策略

模拟企业的广告投放量介于大额和小额之间，既规避最激烈的市场竞争，又优于小额广告。同时，多数市场单价高，毛利高的订单是数量在中间的产品，企业投放中额广告往往能获得利润较高的订单。

4. 先小额广告，中间放大广告策略

模拟企业在竞争最激烈的前 2 年采用小额广告，采用保守经营，采用各种方式降低运营成本。并且持续维持低生产成本的生产状态，卖不出去的产品暂时留在成品仓库，到第 3 年随着市场的扩大和总需求的扩大，突然发力，投入较高的广告，以期最大限度获得订单将库存产品全部清完，并在当年获得较高的利润，并开始进入竞争行列。

四、广告投放的博弈分析

企业的广告投入策略没有绝对的最优策略，因为各个公司之间存在激烈的博弈，如果谁能够错开激烈的竞争找到空档则谁就能获胜。这其实有点类似囚徒困境的博弈。

企业经营沙盘一般是有 6 个或以上公司同时进行模拟经营并参加相同的市场竞争。为了分析的方便现将多个公司间的广告竞争简化为两个公司间的广告竞争。假设这两个公司分别为 A 和 B 两家公司。假设企业广告投入分为高广告和低广告两种。于是就出现四种情形，即 A 高广告、B 低广告，A 低广告、B 高广告，A 高广告、B 高广告和 A 低广告、B 低广告。

第一种情形：A 高广告 B 高广告，这种情况下，A、B 两个公司将会两败俱伤，因为广告投入太高，使得企业亏损，假设这种情况下，两公司的收益分别为（-1，-1）。注：收益的数字只是表示一种方向，不代表具体的收益是亏损 1M，只是为了分析的方便。

第二种情形：A、B 都低广告，在这种情况下，由于两个公司浪费在广告上的资金较少，因此后续可能会发展更快，特别是在加大生产方面。此时，假设双方的收益为（2，2）。但是随着生产的逐步扩大、市场容量的一定，必定会有企业的产品卖不出去，而卖不出去产品的企业将会想通过加大广告投入来获取更多订单，因此会打破策略平衡。

第三种情形：A、B 两公司广告投放一大一小。此时大广告方将会得到大订单，甚至两次以上的订单选择机会，因此企业获得较多订单。此时，投大广告方只要广告数量不是太离谱，由于可以拿到大订单，一方面利润将更大，另一方面更多的回笼资金可以用于扩大生产，因此得益更大，不妨假设其收益为 6。而小广告方，虽广告费用少，但卖出的产品也少，收益自然少，不妨假设为 4。

根据上面的描述可以得到 A、B 公司广告投放的支付矩阵，如图 3-6 所示。

		B 高	B 低
A	高	-1，-1	6，4
A	低	4，6	2，2

图 3-6　广告投放的支付矩阵

用划线法试求纳什均衡发现，上述博弈中，有两个纳什均衡。也就是说，在单次的博弈中，企业进行广告投放时，只要广告投放策略错开，就是一种相对稳定的均衡，是占有策略。但是在企业经营沙盘的长期重复博弈中，小额广告投入方在供过于求的市场竞争环境中，会有产品剩余，因此为了将产品销售出去，获取更大的利润，在后续的竞争中必然会加大广告投入。特别如果在比赛中，是以战胜对手为目的，那么这种竞争将更加激烈。

因此，企业的广告投放策略是一种无法确定的博弈，关键在于了解并预测竞争对手的反应。所以对竞争对手的调查要更加详细，一般情况下，如果竞争对手都是保守型，则企业可以采取适当大广告的形式，以获取胜利；如果了解到竞争对手是善于冒险型，则企业可采取投入小广告观望，等待其他公司和其拼广告，两败俱伤后渔翁得利，如果是一定要争市场，那么只能下狠心投最大的广告，从而压倒竞争对手。但是广告的投放，在各个公司进行博弈的过程中确实没有固定的法则，关键在于灵活应用，有时甚至要靠点运气，如果能够找到其他公司都没有投广告的细分市场进行广告投放，则广告投放的效率将更高。

任务 3　订单选择策略

【知识目标】

- 了解订单选择顺序的排定方法。
- 掌握订单选择考虑的主要因素。

【能力目标】

能选择合理的订单。

【任务引入】

在企业经营沙盘中，企业生产的产品能否销售出去主要就是看企业能够在竞单环节获得多少订单。企业第 1 年竞单并不理想，假如经营至第 2 年初，企业有 P1 库存 6 个，生产 P1 的一条手工线在中间的位置，另一条半自动线在第一格的位置。可用于生产 P2 产品的是两条安装了三个季度的全自动生产线，但因为到第二季度 P2 产品方研发完毕后可以投入生产，所以公司可供销售的 P2 产品仅有 4 个，在第三季度资金比较紧缺，目前是竞单环节，可供企业选择的 P2 订单见表 3-22。

任务：为 B 公司选择出合适的 P2 产品订单。

【任务分析】

订单的选择是企业经营沙盘中的重要环节，这个环节直接决定了企业产品的销量，进而决定了企业的利润。在选择订单时，一般应该综合考虑企业可供销售产品的数量、订单中产品的数量、单价以及账期和交货期等因素后，作出选择。

表 3-22　B 公司可供选择的 P2 产品订单

编号	市场	数量/个	单价/M	销售额/M	账期	条件
1	本地	2	7.5	15	3	加急
2	本地	2	5.5	11	2	
3	本地	3	6	18	3	
4	区域	2	7.5	15	1	加急
5	区域	3	6	18	2	

【知识链接】

一、订单选择规则解读

竞单的先后顺序请参照广告投入部分。下面就订单选择的先后顺序进行解释。如在第 2 年，各组的广告投入情况见表 3-23。

表 3-23　第 2 年各公司广告投入汇总表

市场	A		B		C		D		E		F	
	P1	P2	P1	P2	P1	P2	P1	P2	P1	P2	P1	P2
本地	4M	2M	4M	0M	1M	0M	2M	0M	4M	0M	6M	0M
区域	1M	3M	1M	0M	3M	0M	4M	0M	2M	2M	2M	3M

先看本地 P1 市场的选单顺序，第 1 年应该由广告投入最大的 F 公司先选单，A、B、E 三个公司在本地 P1 产品上投入广告相同，根据规则在同一市场、同一个产品投入的广告费用相同时，先按本产品的所有市场的广告费总额，排定选单顺序，E 公司投入 P1 两个市场的广告总额为 6M，大于 A、B 公司的 5M，所以第二位选单的应该是 E 公司，A、B 两个公司谁先，则按照规则需要对比两个公司的广告总额，排定选单顺序，A 公司的广告总额为 10M，大于 B 公司的 5M，因此第三位选单的是 A 公司，第四为 B 公司，第五是投 2M 广告的 D 公司，最后选单的是 C 公司。

P1 产品区域市场与 P2 产品本地市场、区域市场可以遵循上面的原则确定订单选择的先后排序。

二、订单选择的考虑因素

1. 可供销售的产品数量

可供销售的产品数量是企业选择订单的主要依据，因为如果少选了订单，会导致企业该卖出去的产品没有卖出，给企业造成损失，可是如果一味地选择大单，如果没有产品可供销售，按照规则到期交不了货，企业将会被罚款，所以订单的选择应该要拿捏的恰到好处。因此在选择订单前，要求生产运营经理做好详细的可供销售产品数量和产能的计算就显得非常的重要，通常企业在进行选单前，应先填制一张产能预测表，见表 3-24。

然后对着产品表就可以计算出对应的每个季度最多可以拿订单的数量，这样才不会拿多或拿少订单。

表 3-24　产能预测表

产品	年初库存	第 1 季度产量	第 2 季度产量	第 3 季度产量	第 4 季度产量	合计
P1						
P2						
P3						
P4						

2. 订单中产品的数量

在企业经营沙盘中，多数情况下，特别是前几年，整个市场都是处于供过于求的状态，因此企业在选择订单时，首要考虑把产品卖出去，所以在价格、账期相差不大，交货期能够满足的情况下，应该选择数量大的订单。除非数量不同，单价相差较大，如虽然数量不一样但销售额却是相同或很相近时，则应该选择数量较小的那种订单。

3. 账期

账期决定了销售产品的回款时间，也关系到企业的现金流的运转。因此账期也是企业需要考虑的因素，一般尽量考虑选择账期较短的订单，尤其是在企业资金比较紧张时，更是要重点考虑。

4. 交货期

交货期是指订单产品的交货时间限制，交货期的限制直接影响到订单的选择。如有加急要求的订单，则必须在第一季度交货，否则将会被罚款。如果满足不了交货期的要求，即使企业有再多的产品也没有办法选择对应的订单。例如，在模拟经营的第 2 年，本地市场就有一张 P2 产品数量为 2、单价为 7.5M 的加急单，B 公司虽然第 2 年上了两条全自动生产，能够生产 4 个 P2，可是由于 P2 要等第二季度方可研发完毕，因此没有办法满足第一季度就要交货的加急订单要求，所以虽然总产品有 4 个，但还是不能选择该订单，否则企业就可能面临罚款。

5. 附加条件

如果订单有 ISO9000 或 ISO14000 认证要求，需要完成认证研发之后方可选择该订单，而且一般有认证要求的订单产品单价都会相对较高。

三、订单选择策略

（1）产能较大或库存较多时，一般优先选择产品数量大的订单。

（2）产能中等，但是预计市场竞争会比较激烈时，一般也优先选择产品数量大的订单。

（3）产能中等或偏小，一般优先选择产品价格比较高的订单。

（4）市场竞争不激烈，预计产品供不应求时，一般优先选择产品价格比较高的订单。

（5）资金运转比较困难时，一般应该选择账期短的订单，这时最好还可以选择数量少的订单，因为如果数量比较大，经过几个季度的生产，在年底才能交货，就算账期短，资金也不能及时收回，也会导致资金压力问题。

小提示：在企业经营沙盘选择订单的过程中，尤其在进行企业经营沙盘对抗比赛之前，应先对各个市场订单进行详细了解，以便在选择订单时能够获取更好的订单。如在训练中经常发现，有些同学在产量不高时，开始就在本地和区域市场把订单全部拿满了，结果到后面进行国内、亚洲、国际市场的竞单时，发现后面的市场有单价更高、账期更短的订单，于是后悔不已。因此，产量有限时，企业应该关注各个市场的订单情况，应该留一些产品到有价格较优的市场去销售，不要受市场竞单先后的影响。

任务4 开拓市场策略

【知识目标】

- 了解市场开拓的意义。
- 掌握市场开拓的影响因素。

【能力目标】

- 能根据企业战略选择合适的市场进行开拓。
- 能合理安排市场开拓进度

【任务引入】

企业经营沙盘经营到第2年末，第1年企业已经在所有市场和ISO认证都进行了投资，现年末又需要对市场开拓和ISO认证投资进行决策，即需要开拓哪些新市场，是否需要投资ISO认证，进行什么类型的ISO认证。公司的几个成员进行了激烈的争论。营销经理认为本年度由于选单情况不理想，公司积压了大量库存（6个P1），第3年P1产品的销售压力非常大，而且可以预料后续年度的市场竞争也会很激烈，因此主张应该继续开拓所有市场并进行ISO认证投资，以确保企业的产品能够销售出去。生产运营经理补充说，如果企业产品都无法卖出去，那生产再多的产品也没有用，卖不出去就没法赢利，那企业的生存都成问题，何谈取得竞争的胜利。财务经理反驳说，公司目前的财务都非常困难，如果所有市场都同时开发，资金压力太大，可能会导致资金断流，这样不要说后续的经营，公司现在就要破产了，因此主张有选择地进行市场开发。公司的CEO最后拍板说，区域市场已经开拓成功，国内市场和亚洲市场开拓周期相对短，资金投入也不大，国际市场开拓周期较长，所以应该继续开拓国内和亚洲市场，暂停开拓国际市场。

任务：你赞成谁的说法？企业应该如何进行新市场的开拓？

【任务分析】

在企业经营沙盘中，前几年各个企业的总产能一般都是大于市场需求的，也就是说整个市场是处于一种供过于求的状态，这就必然使得各企业为了获得订单而激烈竞争。如果企业不开拓新的市场，只是坚守本地市场，那么企业生产的多数产品将无法销售出去（因为本地市场容量毕竟有限，且各企业都在争夺），因此开拓新市场就显得刻不容缓。到中后期，有些市场和产品竞争已经没有那么激烈了，但是有些市场和产品的争夺依然非常激烈。企业开拓新市场主要应该考虑以下几个因素：生产能力与现有市场容量的对比、财务状况、产品策略、竞争对手的情况，根据不同情况选择不同的市场开拓策略和进度。

【知识链接】

一、市场开拓的意义

市场经济的实质是竞争经济，作为市场主体的企业，要想在强手如林的市场上稳健发展，必须建立明确而稳定的市场，并不断开拓新的市场。因为生产者生产的商品，只有通过市场销售出去，才能使商品资金转变为货币资金，使生产过程所消耗的劳动得到价值补偿，同时获得必要的资金积累，这样，企业才有可能继续进行和扩大生产。目前企业之间的竞争已经白热化，“酒香不怕巷子深”的时代早已远去，企业想要不断地发展壮大，就必须要不断地增加企业的销售量，而如果企业将产品仅仅局限在一个市场销售，由于市场狭窄，竞争将异常激烈，销售必然难以上升。因此为了让企业能够不断发展壮大，企业必须不断开拓新的市场，以提升企业的市场份额。

二、市场开拓规则

在企业经营模拟中，五个主要市场：本地、区域、国内、亚洲和国际市场，除了本地市场已经开拓以外，其他市场均需要模拟企业自行安排开拓。每个市场具体的开拓规则见表3-25。

表 3-25　市场开拓规则简表

市场	开发费	时间	
本地	已开拓	0	开发费用按开发时间在年末平均支付，平均每年末支付 1M，不允许加速投资 将投资放在准入证的位置处 市场开发完成后，领取相应的市场准入证
区域	1M/年	1	
国内	1M/年	2	
亚洲	1M/年	3	
国际	1M/年	4	

每个市场开发每年最多投入 1M，允许中断或终止，不允许超前投资，中断后可以继续投资。投资时，将 1M 投入到“市场准入”的位置处，允许多个市场同时开发，换取准入证后，将其放在盘面的相应位置处。只有拿到准入证才能参加相应市场的竞单。

三、市场开拓策略分析

1. 细分市场特征分析

为了确定市场开拓策略，先要对各个细分市场进行详细的分析，准确把握各市场的特征，方能作出正确的市场开拓策略。

根据市场分析中的相关数据，可以得到各市场的总体需求情况，平均价格和计算出单个产品的毛利情况，见表 3-26。

表 3-26　各市场需求情况表

产品		本地	区域	国内	亚洲	国际	合计
P1	数量/个	106	22	49	49	60	286
	价格/M	4.4	4.8	4.1	3.6	5.1	
	平均毛利/M	2.4	2.8	2.1	1.6	3.1	
P2	数量/个	81	47	52	54	35	269
	价格/M	7.2	6.5	6.7	5.7	7.6	
	平均毛利/M	4.2	3.5	3.7	2.7	4.6	
P3	数量/个	77	45	60	55	17	254
	价格/M	9.0	8.8	9.5	9.9	8.6	
	平均毛利/M	5.0	4.8	5.5	5.9	4.6	
P4	数量/个	33	30	19	20	8	110
	价格/M	9.5	10.0	10.0	10.6	9.4	
	平均毛利/M	4.5	5.0	5.0	5.6	4.4	
总需求/个		297	144	180	178	120	

续表

产品		本地	区域	国内	亚洲	国际	合计
年平均需求/个		37.1	20.6	30	35.6	30	
总获利/M		1136.5	586.2	723.8	660.6	462.8	
平均获利/M		3.8	4.1	4.0	3.7	3.9	

注：1. 各市场的总需求是指各产品第 1 至第 8 年在对应市场的需求加总。
2. 平均单价是指该市场上第 1 至第 8 年在对应市场的价格的平均，等于Σ（产品各年需求数×各年单价）÷该产品总需求。
3. 各市场的总需求为各产品在该市场上需求的汇总，而年平均需求是指该市场开拓成功后的年平均需求数。
4. 总获利情况是指各产品在该市场的获利总和，即等于各产品总需求×平均毛利的总和。

从表 3-26 可以看出，五个市场中，本地市场年平均需求最大，总获利能力最高，但单位产品平均获利倒数第二；区域市场年平均需求数最少，但是单位产品平均获利最高；国内市场年平均需求数居于中间，总获利和单位获利能力均居第二位；亚洲市场的年平均需求数第二，但是单位产品平均获利最低；国际市场年平均需求数和单位产品获利能力居于中间，而且后期的 P1 产品毛利明显较高。所以如果企业 P1 至 P4 四种产品都生产，那么企业应该重点开发国内市场，如果后期企业还想生产 P1 产品，那么国际的市场的开拓就显得非常必要。

2. 市场开拓影响因素

区域市场开拓费用少，周期短，能在前期较大幅度增加需求，所以一般都会优先开拓。其他市场的开拓策略不仅取决于各市场的特征，而且受企业的产品策略、企业的生产能力、企业的财务状况等多种因素的影响。

（1）企业产品策略。

每个市场上各产品的需求和单价都不一样，因此企业的产品策略必然会影响到企业的市场策略。对于 P1 产品来说，国际市场单价最高，需求数量也较高，而国内市场和亚洲市场则需求较低，而且单价太低，尤其是亚洲市场，平均毛利只有 1.6M，在所有产品的所有市场中是最低的。因此对于重点发展 P1 产品的企业来说，国际市场应该是需要首先开拓的，而亚洲市场则可以放弃。

对于 P2 产品来说，本地市场需求最大，价格也不低；第 5 年后，P2 的国际价格最高，年平均需求也较大；国内市场的价格和需求量排名第三；而亚洲市场的毛利最低，需求相对较多。因此对于重点发展 P2 产品的企业来说，国内市场和国际市场应该需要首先开拓，亚洲市场要依据 P2 的总体产能规划来确定，如果计划大幅度扩大产能，那么应该考虑开发，如果产能一般，那么可以考虑放弃该市场。

对于 P3 产品来说，本地市场需求最大，价格排名第三；国内市场需求和价格都排名第二；亚洲市场则价格最高，需求量排名大于区域而略少于国内市场；而国际市场需求量最小，价格最低，因此对于重点发展 P3 产品的企业来说，亚洲市场和国内市场应该需要首先开拓，而国际市场则可以放弃。

对于 P4 产品来说，本地市场需求最大，价格排名倒数第二；亚洲市场则价格最高，需求量排名居于中间；而国际市场需求量最小只有 8，价格也最低，因此对于重点发展 P4 产品的企业来说，本地市场已经开拓完毕，不需开拓，所以亚洲市场应该需要首先开拓，而国际市场则可以放弃。

当然企业产品策略一般都不是采取单一产品策略，多数时候是采取产品组合的策略，如P1、P2、P3，P1、P2、P4，P1、P3、P4等。如果企业采取的是产品组合策略，大家可以根据一样的方法对这几种产品策略组合进行加总分析进而得出企业应该优先开拓的市场。

经过多次的企业经营沙盘实战，总结出如下结论：

1）对于主攻 P1、P2 产品的生产和销售的企业，国际市场开拓非常必要，亚洲市场则可以考虑放弃。

2）主攻 P3 或 P4 产品的企业，可以考虑放弃国际市场。

3）对于主攻 P2、P4 和 P2、P3 的企业，一定要根据规则，对市场进行细致分析，制定灵活的应变计划。

4）如果企业扩张规模较大，一般需要开拓更多的市场，实际上开拓市场的成本还是相对较低的，一般多产品组合的企业都应该拥有四个以上的细分市场。

（2）企业的生产能力。

企业的生产能力大小，决定了企业的产能，进而决定了企业可供消费的产品数量，而产品的数量直接影响到市场的开拓。如果企业的产能非常大，那么企业为了保证产品能够全部销售出去，就必须开拓所有的产品市场。反之，如果企业的生产能力很小，只有一两条生产线，那么企业就只需挑选一个或者两个市场进行开拓。

（3）企业的财务状况。

在企业经营沙盘中，前三年资金是最紧张的，而市场开拓也需要相应的资金，因此市场的开拓也必然受制于企业的现金。由于市场开拓费用直接记入综合费用，因此市场开拓将直接降低企业的所有者权益，所以有时候，为了保住所有者权益，以便可以获取更多的贷款，也会暂时放弃某个市场的开发。

3. 市场开拓策略

（1）集中性策略。

集中性策略是指企业为了节约开拓费用以及后期的广告费用，而只开拓其中一个或者几个对企业有利的市场进行开拓。这种策略的好处是可以节省市场的开拓费用，并且由于后期市场少，企业就可以集中性地去投广告，也可以节省不少广告费。

（2）全覆盖策略。

全覆盖策略是指企业同时开拓所有市场。这种策略的好处是可以保证企业的产品可以有足够的地方去销售，缺点是占用企业太多的资金。

（3）补缺策略。

补缺策略是基于市场竞争对手的一种策略。在企业着手开发新市场之前，该市场可能已有先导者，在企业考虑是否要开发的同时，周围也存在很多潜在竞争者，如果企业一味强行开发，面对强劲竞争对手，就会导致企业耗费很多不必要的精力和财力。如果企业能够避开竞争者，找一些较少企业开发的市场进行开拓，将起到事半功倍的效果。

4. 市场开拓进度安排

在确定企业需要开拓的市场后，最关键的就是要确定企业应该在什么时候开始开拓新的市场，而这主要取决于两个因素，一是这个市场什么时候开始有指定产品的市场需求，二是企业什么时间需要用这个市场来销售相应的产品。结合这两个要求，确定好企业需要用这个市场销售产品且市场上有这个产品的需求的时间后，根据市场开拓需要的时间往前倒推就可以知道企业开始开拓该市场的时间。如从第 5 年开始国际市场就有 P3 产品的市场需求，企业想利用第 6 年的国际市场来销售 P3 产品，由于开拓国际市场需要 4 年时间，因此企业最迟应该从第 2 年开始就开拓国际市场。

案例：广告标王能否成为市场领导者

一直以来，中央电视台一年一度的广告招标被当作是中国经济的晴雨表和企业一夜成名最诱人的舞台，而标王便是晴雨表顶端的那颗浑圆的水银和舞台上方最耀眼的荧光灯！但在繁华背后，如果翻开近年来央视招标档案就可以发现，尽管不乏借机一飞冲天者，但昙花一现的"扑火者"也不在个别，如孔府宴酒、秦池酒、爱多 VCD 等。其中最有名也最典型的可能要数秦池酒：1996 年，秦池以 6666 万元一举成为标王，尝到甜头后，次年更是砸下 3.2 亿元，蝉联标王桂冠，秦池时任老总王卓胜放言，"每天开进央视一辆桑塔纳，开出一辆豪华奥迪"；但三年后，秦池集团便内外交困，负债累累，其商标被当地法院作价 300 万元拍卖。

由此看来，广告标王与市场领导者之间尚有不小的距离；经营者可以在举手之间成为广告标王，但要成为市场领导者，却还要走很长的路。笔者姑且将广告标王与市场领导者之间的距离称之为天时地利人和的配合。

所谓天时，此处指的是企业所处产业的增长与竞争状况、竞争者的整体传播策略和在央视的广告投放情况、企业和品牌发展的阶段等决定广告效果的一系列因素。乳业企业在竞标中分外抢眼，就与乳业目前的发展现状不无关系：伊利、光明、三元、蒙牛等一线品牌不但彼此打得不可开交，还要面临全国区域市场二线品牌的挑战，同时国际巨头也纷纷加入到混战中来，一场由品牌战挑起的行业洗牌正迫在眉睫；就蒙牛而言，其一贯以其草原兄弟、位居乳业老大的伊利的挑战者身份出现，此次后来居上从伊利手中抢得最终的标王称号，其象征意义要远大于实际意义；2002 年标王的熊猫手机就不那么走运了，在它成为标王时，国产手机企业借广告战打开局面的做法已经不那么新鲜了，而且波导、TCL 等品牌在国产手机中的领导形象已经比较牢固。

地利，则指的是央视广告的目标受众与企业的目标市场所在、央视的受众覆盖等是否一致。蒙牛、伊利做的是全国市场，而且又是消费品，央视又是中国覆盖最广的媒体，这二者的结合是自然而然的；而熊猫手机对外宣称的是国产手机中的精品，希望走高端路线，采取与目标市场相应的细分媒体战略似乎比全面撒网要来得实在，据说熊猫手机尽管 2002 年总体销量翻了两倍（达到 150 万部），但毛利却只有 9.54%，总的销售量也只有 13 亿元多一点，相对于波导的 600 万部和 TCL 的 500 万部还有一段距离，尤其是其平均价格才 871 元，似乎也不怎么高端。

人和，主要指的是企业的营销与管理是否得力，而其得力与否又与营销管理战略、目标在全体相关群体中的认可和一致程度、人才的储备与实力、管理效率的高低等一系列因素密切相关。说到底，这点指的就是企业是否具备了将全国各地的潜在销售量最快最准最小成本地"捡"回来，也就是所谓的消化能力是否够，否则，广告效果再好，却不能自动成为销售量和销售额，只会空热闹一场。作为标王的蒙牛能否将广告标王变为市场领导者，很大程度上将取决于这点。

（案例来源：http://www.ceconline.com/世界经理人网站）

拓展阅读建议

进入电子沙盘系统经营分析的"专家指导"，阅读"ITMC 电子沙盘专家指导"的第二章市场调研；第三章品牌管理；第四章广告策略。

训练角色二　生产运营经理

生产部门是企业价值创造的主要承担部门，负责从企业资源输入到企业产品形成过程中的管理工作。现代企业的生产要求越来越高，要求能及时快速地生产出能满足市场需求的优质产品，而且要求产品成本越来越低。在生产管理的方法上也要求不断创新，ERP、全面质量管理、精益生产管理、ISO 质量管理体系在企业生产管理中得到广泛的应用。生产部门承担的职责也越来越多。

在企业经营模拟沙盘中，生产运营经理的主要职责如下：

（1）制定模拟公司的年度生产计划。

（2）选择获取生产能力的方式（购买或租赁）。

（3）设备更新与生产线改良。

（4）全盘生产流程调度决策，匹配市场需求、交货期、产品品种和数量及设备产能。

（5）调整产能，做到产销配合。

（6）根据企业发展战略规划，组织产品研发工作。

生产运营经理需要按照企业的战略规划，安排产能大、效率高的生产线来生产企业决策中的主打产品，并且还要使生产线的建成与研发同步，合理安排生产线，尽量减少维修费和折旧费用。同时生产运营经理还需要结合原材料的库存和在途情况以及生产线结构分析下一年度的产出情况，向营销经理提供准确的产能数据，也便于选择订单，并向财务经理提供生产所需原材料采购费用、加工费用、维修费、折旧费等数据，为财务预算做准备。

生产运营经理的工作流程图如图 4-1 所示。

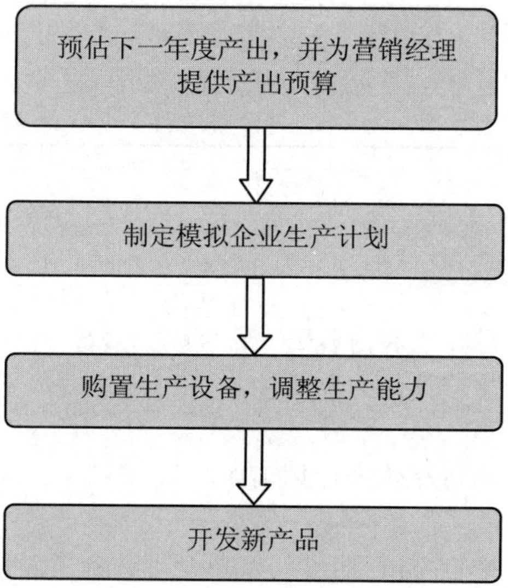

图 4-1　生产运营经理工作流程图

生产运营经理的训练任务单见表 4-1。

表 4-1　训练任务单 2

姓名：__________　专业班级：__________　学号：__________　日期：______年______月______日

训练角色	生产运营经理
任务目标	1. 会制定生产计划； 2. 掌握生产线和厂房投资策略； 3. 掌握开发产品的策略
任务步骤	1. 制定生产计划； 2. 学习生产线和厂房投资策略； 3. 开发产品； 4. 学习开发产品策略

工作过程记录（学生完成）：

工作步骤	任务要求	学习过程详细记录
制定生产计划	根据获得订单制定计划	□计划合理　□已制定计划　□未完成计划
开发产品策略	开发产品的策略主要包括	
固定资产投资策略	生产线投资策略主要包括	
开拓市场策略	开拓市场的策略主要包括	
经营业绩	模拟企业经营排名	□权益前 3 名　□正常经营　□已破产

工作小结与体会（学生完成）：

签名：　　　　年　　月　　日

结果考核（教师评定或学生互评）：

（　　）通过　　　　（　　）不通过

签名：　　　　年　　月　　日

任务 1　制定生产计划

【知识目标】

- 了解生产计划的概念、特点和内容。
- 明确企业经营沙盘中生产计划的重要性。

【能力目标】

能根据企业经营沙盘的特点进行生产计划工作。

【任务引入】

现企业经营到第 2 年，并且企业已经参与竞单会，选到了满意的订单，请根据本企业的订单情况和生产设备的情况，制定生产计划，要求在满足交货要求的同时做到生产成本最低。请在表 4-2 中完成本年度的生产计划。

【任务分析】

生产计划工作是继销售计划之后的一个重要计划，其内容要根据销售计划配套进行，制定合理的生产计划是完成订单的基本保障，同时又是制定物料采购计划、财务预算的基本前提。

表 4-2　第 2 年度生产计划表

生产线编号	生产线类型	产品	内容	本年1Q	本年2Q	本年3Q	本年4Q	下年1Q	下年2Q
L1			产出						
			投产						
			需要材料						
L2			产出						
			投产						
			需要材料						
L3			产出						
			投产						
			需要材料						
L4			产出						
			投产						
			需要材料						
L5			产出						
			投产						
			需要材料						
L6			产出						
			投产						
			需要材料						

【知识链接】

一、生产计划基础知识

生产计划就是企业为了生产出符合市场需要或顾客要求的产品，确定生产日期进程，归属哪个车间生产以及怎样生产的总体计划。企业的生产计划是根据之前的销售计划制定的，同时它又是企业制定物资采购计划的主要依据。生产计划内容及其关系如图 4-2 所示。

二、企业经营沙盘的生产计划

1. 竞单前的产能预估

在每一个经营年度进行销售竞单前，生产运营经理应该根据现有生产线情况，制定下年度的初步生产计划，并给营销经理提供可能产出的产品品种和数量。

例如：某模拟企业在第 2 年初有四条生产线，分别是一条手工线（目前生产 P1），一条半自动线（目前生产 P1），一条在建的全自动线，已经投资 3 个季度，计划生产 P2，一条柔性生产线，已经投资 2 个季度。第 2 年初生产线情况如图 4-3 所示。

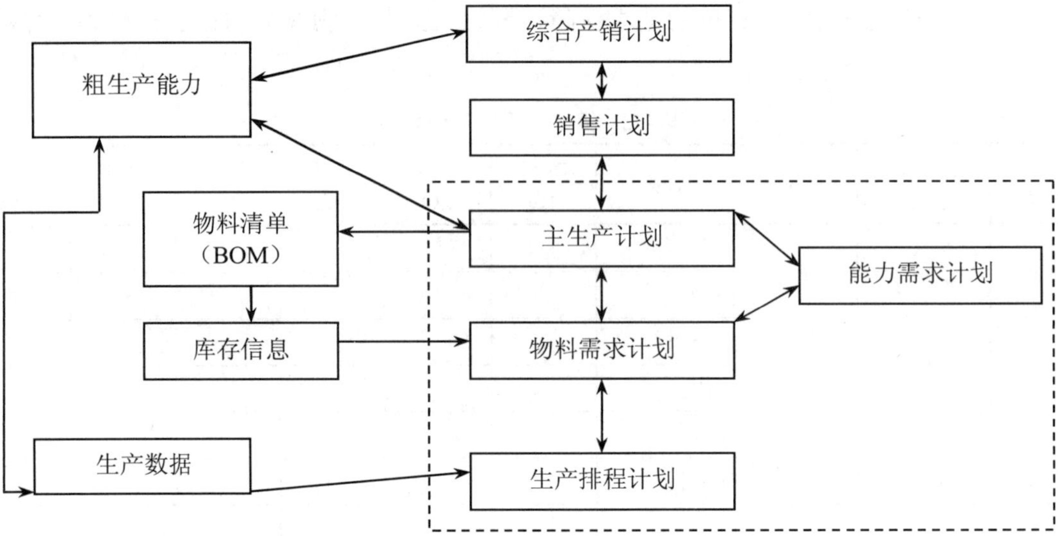

图 4-2　生产计划内容及其关系

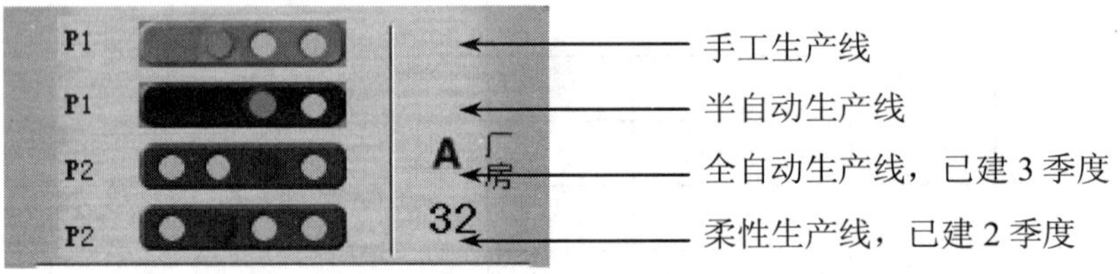

图 4-3　模拟企业第 2 年初生产线情况

根据企业目前的生产设备投资和产品加工情况，可以先采用位置观察法来进行各产品的产能预估，如图 4-4 所示。

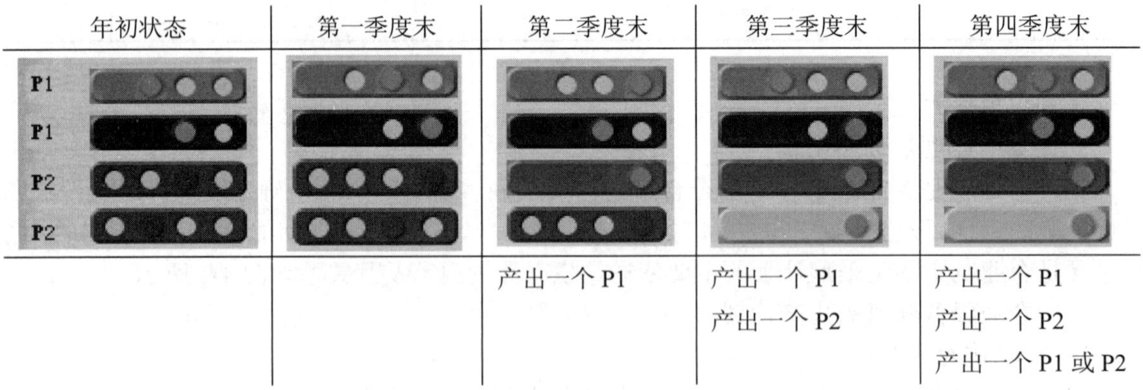

图 4-4　模拟企业第 2 年生产线产品位置变化图

如图 4-4 所示，在第二季度，半自动生产线产出一个 P1 成品，同时投产一个 P1；全自动线开始投产 P2。在第三季度，手工线产出一个 P1 成品，同时投产一个 P1；全自动生产线产出一个 P2，同时投产一个 P2；柔性生产线开始投产 P1 或 P2 产品。在第四季度，半自动线产出一个 P1 成品，同时投产一个 P1；全自动线产出一个 P2，同时投产一个 P2；柔性生产线产出一个 P1 或 P2 成品，同时投产一个 P1 或 P2。具体产能预估见表 4-3。

表 4-3　第 2 年产能预估表（按产出计算）

生产线编号	生产线类型	产品	1Q	2Q	3Q	4Q
L1	手工	P1	0	0	1	0
L2	半自动	P1	0	1	0	1
L3	全自动	P2	0	0	1	1
L4	柔性	P1/P2	0	0	0	1

从上表可以看出，柔性线可以产出一个 P1 或者 P2，需要根据选取订单之后再确定，手工线和半自动线可以产出 3 个 P1，全自动线第二季度开始投产，本年度可以生产 2 个 P2。

2. 竞单后模拟企业的生产计划

实际指导模拟企业生产的可行生产计划在销售计划之后编制。模拟企业竞争到销售订单之后才能确定企业当年能销售多少产品，企业需要安排生产哪些品种的产品及其数量是多少。

例如：在第 2 年初，企业有 4 个 P1 成品库存，订货会上，企业竞争到的销售订单见表 4-4。

表 4-4　第 2 年订单登记表

编号	产品	市场	数量/个	单价/M	金额/M	账期
1	P1	本地	3	5.3	16	4
2	P1	本地	1	5	5	0
3	P1	本地	2	5	10	4
4	P2	区域	1	7	7	0
5	P2	区域	2	6.5	13	4

根据图 4-3 所示年初的生产线状况，模拟企业应结合获取订单情况来制定具体的生产计划。

（1）分析过程。

分析销售订单：一共需要交货 6 个 P1 产品和 3 个 P2 产品。

模拟企业现有 P1 库存 4 个，手工生产线可以产出 1 个 P1，半自动生产线可以产出 2 个 P1，可以满足 P1 的交货要求。全自动生产线第二季度开始投产 P2，没有产出，第三季度才开始有产出，本年度只能生产 2 个 P2，所以柔性生产线需要生产 P2 产品。否则有一个 P2 不能按时交货，企业不仅赚不到钱，还要被罚款。

（2）制定生产计划。

1）第一条是手工线，年初的时候在第一格，第一季度更新生产，产品往前移动一格，没有产出，产出栏记“0”，也不能投产，在产状态记“—”；第二季度更新生产，产品再往前移动到第三格，产出为“0”，产品仍在产，记为“—”；第三季度更新生产，产品移动到成品库，产出记“P1”一个，开始新生产时，产品可以投产“P1”一个，需要原材料“R1”；第四季度更新生产再往前移动到第三格，产出为“0”，产品在产，记为“—”。

2）第二条是半自动生产线，年初在第一格，第一季度更新生产，产品往前移动一格，没有产出，产出栏记“0”，也不能投产，在产状态记“—”；第二季度更新生产，产品移动到成品库，产出记“P1”一个，开始新生产时，产品可以投产“P1”一个，需要原材料“R1”；第三季度的操作方式如第一季度，第四季度的操作方式如第二季度。

3）第三条是全自动生产线，上年已经在建三个季度，第一季度生产线记“在建”，第二季度开始投产“P2”；第三季度产出一个“P2”，同时可以投产一个“P2”；第四季度产出一个“P2”，同时可以投产一个“P2”。

4）第四条是柔性生产线，上年已经在建两个季度，第一季度生产线记“在建”，第二季度记“在建”；第三季度开始投产一个“P2”；第四季度产出一个“P2”，同时可以投产一个“P2”。

第 2 年的生产计划表见表 4-5。

表 4-5 第 2 年的生产计划表

生产线编号	生产线类型	产品	内容	本年 1Q	本年 2Q	本年 3Q	本年 4Q	下年 1Q	下年 2Q
L1	手工线	P1	产出	0	0	P1	0	0	P1
			投产	—	—	P1	—	—	P1
			需要材料	0	0	R1	0	0	R1
L2	半自动	P1	产出	0	P1	0	P1	0	P1
			投产	—	P1	—	P1	—	P1
			需要材料	0	R1	0	R1	0	R1
L3	全自动	P2	产出	0	0	P2	P2	P2	P2
			投产	在建	P2	P2	P2	P2	P2
			需要材料		R1R2	R1R2	R1R2	R1R2	R1R2
L4	柔性	P2	产出	0	0	0	P2	P2	P2
			投产	在建	在建	P2	P2	P2	P2
			需要材料			R1R2	R1R2	R1R2	R1R2

注：“—”表示有产品在产。

注意：

（1）所有生产线要先投产之后才能有产出，新建在第一次投产的时候不会有产出。

（2）手工线和半自动线有产品在产的时候不能投产，当生产线产出产品的同一季度，生产线为空时，才可以开始新的投产。

（3）手工线三个季度为一个周期，每三个季度可以产出一个产品，投产后经过两个季度在产，第三个季度可以产出，同时可以投产。

（4）半自动生产线两个季度为一个周期，每两个季度可以产出一个产品，投产后经过一个季度的在产，第二个季度可以产出，同时可以投产。

任务 2 生产线和厂房投资策略

【知识目标】

- 了解不同类型生产线的特点。
- 掌握模拟企业固定资产投资策略。

【能力目标】

能合理进行固定资产投资。

【任务引入】

经过几年的经营，多数模拟企业都新购了生产线，有些企业新购了大量半自动生产线，有些企业新购了全自动生产，还有些企业新购了柔性生产线，随着生产线的添置，有些企业购买了B厂房。

任务：请你为模拟企业制定固定资产投资策略。

【任务分析】

在企业经营沙盘模拟训练之初，很多学员都不知道如何进行生产投资，常常处于盲目和冲动的状态，一年买回来几条生产线，却没有足够的流动现金来维持企业运营，造成生产线刚买回来就卖掉，或新购生产线扩大产能后，生产出来的产品因无法获得足够的订单而滞留在仓库，导致成品积压和资金紧张。

【知识链接】

一、生产线类型投资策略

在企业经营沙盘模拟训练中，一共有四种生产线，每种生产线的基本情况见表4-6。

表4-6 生产线的基本情况

生产线	购买价	安装周期	生产周期	年产能	转产周期	转产费用	维修费用
手工线	5M	无	3Q	1.33个	无	无	1M/年
半自动	8M	2Q	2Q	2个	1Q	1M	1M/年
全自动	16M	4Q	1Q	4个	2Q	4M	1M/年
柔性线	24M	4Q	1Q	4个	无	无	1M/年

生产线投资可以从投资回收期、生产的成本费用、投资净收益和转产的方便性等方面考虑。

1. 生产线投资的回收期法

投资回收期忽略了在投资回收期后的所有好处或不良影响，对总收入不作考虑。只考虑回收之前的效果，不能反映投资回收之后的情况，即无法准确衡量方案在整个计算期内的经济效果。所以投资回收期作为方案选择和项目排队的评价准则是有一定偏差的，一般只作为辅助评价指标。

2. 生产线投资的预期净收益法

对于四种生产线投资方案的选择，可以通过以下三种方法的比较，选出最优方案的方法：

（1）四种投资方案的预期收入相同，但是成本不同，选择成本最低的方案为最优方案。

（2）四种投资方案的预期收入不同，但是成本相同，选择预期收入最高的方案为最优方案。

（3）四种投资方案的预期收入和成本都不相同，这时应该先求出各个方法的预期净收益（预期收入-预期成本），对比预期净收益，预期净收益最高的方案为最优方案。

在模拟企业中的四种生产线投资方案，通过计算预期净收益的方法来选择最优方案。假设P1减去材料的单位平均收益为3.5M，P2减去材料的单位平均收益为5M，P3减去材料的单位平均收益为5.5M，P4减去材料的单位平均收益为6M。预期投资生产线4年，可以核算不同类型的生产线投资4年的预期净收益见表4-7。

表 4-7 成本费用法选择生产线 单位：M

生产线	产品	4 年产出	预期收益	资金投入	加工费	维修费	4 年折旧				利息费用	厂房租金	预期净收益
							1	2	3	4			
手工线	P1	5	17.5	5	5	4	0	2	1	1	0.5	4	0
半自动	P1	6	21	8	6	4	0	3	1	1	0.8	4	1.2
全自动	P1	11	38.5	16	11	3	0	0	5	4	1.6	4	9.9
柔性线	P1	11	38.5	24	11	3	0	0	8	5	2.4	4	5.1
手工线	P2	5	25	5	10	4	0	2	1	1	0.5	4	2.5
半自动	P2	6	30	8	6	4	0	3	1	1	0.8	4	10.2
全自动	P2	11	55	16	11	3	0	0	5	4	1.6	4	26.4
柔性线	P2	11	55	24	11	3	0	0	8	5	2.4	4	21.6
手工线	P3	5	27.5	5	15	4	0	2	1	1	0.5	4	0
半自动	P3	6	33	8	12	4	0	3	1	1	0.8	4	7.2
全自动	P3	11	60.5	16	11	3	0	0	5	4	1.6	4	31.9
柔性线	P3	11	60.5	24	11	3	0	0	8	5	2.4	4	27.1
手工线	P4	5	30	5	20	4	0	2	1	1	0.5	4	-2.5
半自动	P4	6	36	8	18	4	0	3	1	1	0.8	4	4.2
全自动	P4	11	66	16	11	3	0	0	5	4	1.6	4	37.4
柔性线	P4	11	66	24	11	3	0	0	8	5	2.4	4	32.6

注：厂房以租用 B 厂房核算 4 年租金成本，手工线和半自动当年开始计算维修费，而全自动和柔性线是次年开始计算维修费。

从表 4-7 可以看出，不论生产什么产品，投资 4 年都是全自动线预期净收益最高，柔性线次之，手工线的预期净收益最低。尤其是生产 P3、P4 等高端产品的时候，手工线和半自动线的预期净收益很低，所以应优先选择全自动生产线。当然，如果以投资 1 年计算净收益，显然手工线是比较高的，因为投资第 1 年，只有手工线能产出 1 个产品，其他生产线并不能产出产品。

2. 从生产的方便性选择生产线

全自动生产线和半自动生产线转产是需要一定的转产费用和转产周期，而手工生产线和柔性生产线转产不需要转产费用和转产周期，但是手工线的投资预期净收益偏低，一般不予考虑，所以在中后期，生产的产品品种比较多，而订单的争夺又相对比较激烈的时候，为了生产的方便性，应适当考虑投资 1～2 条柔性生产线。

二、投资生产线的时机

1. 与新产品研发相匹配

在企业经营沙盘模拟训练中，P2、P3 和 P4 的研发周期均为 6 个季度，根据企业经营流程，产品研发在开始新生产之前，所以在第六个季度研发完成之后就可以开始生产；而全自动生产线和柔性生产线的建设周期为 4 个季度，在第五季度才可以开始投产，所以如果投资全自动生产线和柔性生产线用于生产新产品，应该在产品进行第二期研发投资的时候开始投资建设新生产线。对于半自动生产线，投资建设周期为两个季度，在第三个季度才能开始投产，所以应该在研发的第四期才开始投资建设半自动线。因为手工线的投资预期净收益偏低，所以一般不考虑投资建设手工线。表 4-8 为全自动、柔性线与研发的最佳匹配组合。

表 4-8　全自动、柔性线与研发的最佳匹配

时间	T 年 第 4 季度	T+1 年 第 1 季度	T+1 年 第 2 季度	T+1 年 第 3 季度	T+1 年 第 4 季度	T+2 年 第 1 季度	T+2 年 第 2 季度
研发投入	第 1 次	第 2 次	第 3 次	第 4 次	第 5 次	第 6 次，可投产	产出 1 个 继续投产
生产线安装		第 1 期	第 2 期	第 3 期	第 4 期	可投产	

注意：产品研发在开始新生产前，所以在完成第 6 次研发的那个季度产品就可以投产，而生产线在 4 个季度的安装完成之后的下一个季度才能开始投产。

2. 控制维修费用和折旧费用

按照规则，未建成的生产线不需要交维修费，且当年建成的生产线不计提折旧。本年每个季度投资全自动和柔性生产线的前两年产出产品数、维修费用和折旧费用见表 4-9。

表 4-9　全自动和柔性生产线前两年产出和费用表

投资建设季度	生产线类型	建成投产季度	投资两年产出/M	投资两年维修费用/M	投资两年折旧费用/M
本年第一季度	全自动、柔性线	下年第一季度	3	1	0
本年第二季度	全自动、柔性线	下年第二季度	2	1	0
本年第三季度	全自动、柔性线	下年第三季度	1	1	0
本年第四季度	全自动、柔性线	下年第四季度	0	1	0

从表 4-9 可以看出，对于投资全自动和柔性生产线，在第一季度投资最好，必要的时候也可以考虑在第二季度投资建线，最好不在第三季度投资建线，一般不考虑在第四季度投资建线。

二、厂房的投资

根据规则，A 厂房是自有厂房，有些模拟企业想卖出厂房来购买生产线扩大产能。实际上，A 厂房的租金是 4M，可变卖的现金是 32M，那么相当于资金成本为 4÷32=12.5%，资金成本高于长期贷款的 10%，而且变卖厂房得到的是四个账期的应收账款，同时需要将厂房的生产线全部变卖之后才能变卖厂房，所以一般不考虑变卖厂房。

很多模拟企业对于应该购买还是租用厂房很难决策，而多数参考资料都片面强调租厂房或买厂房。实际上，应从资金使用的机会成本进行考虑，见表 4-10。

表 4-10　购进厂房节省租金效益表

厂房	购买价	租金	购买节省租金的效益	长期贷款成本	民间融资成本
B 厂房	24M	3M	12.5%	10%	15%
C 厂房	12M	2M	16.67%	10%	15%

从表 4-10 可以看出，用于购买 B 厂房的 24M 可以节省租金的效益是 12.5%，大于长期贷

款的成本而小于民间融资的成本。所以利用长期贷款来购买 B 厂房是合适的，而利用民间融资来购买 B 厂房是不合适的。

用于购买 C 厂房的 12M 可以节省租金的效益是 16.67%，显然，这时采用长期贷款和民间融资来购买厂房都是合适的。

但是，由于贷款的额度是有限的，模拟企业应该考虑贷款的资金优先投资厂房还是生产线。参考表 4-7，对比投资厂房和全自动、柔性线生产的收益见表 4-11 所示。

表 4-11　投资全自动和柔性线生产各产品收益表

生产线	购买价/M	4 年产量/个	产品	4 年净收益/M	年均净收益/M	收益率
全自动	16	11 个	P1	9.9	2.475	15.47%
全自动	16	11 个	P2	26.4	6.6	41.25%
全自动	16	11 个	P3	31.9	7.975	49.84%
全自动	16	11 个	P4	37.4	9.35	58.44%
柔性线	24	11 个	P1	5.1	1.275	5.31%
柔性线	24	11 个	P2	21.6	5.4	22.50%
柔性线	24	11 个	P3	27.1	6.775	28.23%
柔性线	24	11 个	P4	32.6	8.15	33.96%

从表 4-11 可以看出，如果生产出来的产品可以用较低的广告成本卖向市场（不计广告费分摊），那么投资生产线生产 P2、P3 和 P4 的收益都将大于购买厂房节省租金带来的收益，所以从机会成本角度考虑，在企业发展初期，在不断开拓市场的情况下，需求不断扩大，为了投资建设更多生产线，应考虑租用厂房，而不是购买厂房。

任务 3　开发产品策略

【知识目标】

- 了解开发新产品的含义、流程。
- 掌握企业经营沙盘中如何开发新产品。

【能力目标】

能根据企业经营沙盘的特点适时进行新产品开发。

【任务引入】

模拟企业经营到第 2 年，发现对手都在研发 P2 产品，在第 2 年的竞单会上，P2 的争夺非常激烈。营销经理建议及早研发 P3 产品，以便在第 3 年竞争销售订单的时候有更多的选择，但是财务经理都不同意，担心研发费用投入太大，资金周转困难，生产运营经理补充说，开发了 P3 产品还得新建生产线来生产 P3，一不小心就会有现金断流的危险。CEO 也觉得进退两难，不知如何是好。

任务：帮助该模拟企业制定开发新产品的策略。

【任务分析】

人们说当今是个“喜新厌旧”的时代，虽然话带讽刺但却道出一个现实问题。一个企业如果不及时开发新产品，企业将很快被剧烈竞争的市场所淘汰。

【知识链接】

一、进行市场趋势分析

企业经营沙盘中，有 P1、P2、P3 和 P4 这四种系列产品，企业开发的产品越多，同时配合市场开拓和合理的广告投入，则在各个市场能竞争到较多销售订单的机会也就越大，并且有利于帮助企业取得市场领导者的地位。这对于企业的顺利发展而言是很有益处的。因此，经营者们应该提前分析，安排合理的研发时间。一般来说，在第一个经营年度，企业应该充分利用贷款，及早开发产品生产资格。在确定产品研发策略前要先对各产品的市场趋势进行分析，表 4-12 是各产品每年的需求数量和毛利情况。

表 4-12 各产品需求情况

产品		第 1 年	第 2 年	第 3 年	第 4 年	第 5 年	第 6 年	第 7 年	第 8 年
P1	数量/个	21	25	36	48	53	42	32	29
	平均价格/M	5	4.7	4.8	4.24	4.59	4.55	3.65	3.9
	单位毛利/M	3	2.7	2.8	2.24	2.59	2.55	1.65	1.9
P2	数量/个		16	33	47	48	43	46	36
	平均价格/M		6.6	8.16	7.65	7.18	6.12	5.72	5.76
	单位毛利/M		3.6	5.16	4.65	4.18	3.12	2.72	2.76
P3	数量/个		5	16	23	33	46	64	67
	平均价格/M		7.5	7.81	8.09	8.47	9.24	9.79	10.02
	单位毛利/M		3.5	3.81	4.09	4.47	5.24	5.79	6.02
P4	数量/个				4	14	23	28	41
	平均价格/M				7.5	9.07	9.37	9.8	10.74
	单位毛利/M				2.5	4.07	4.37	4.8	5.74
单位毛利排名情况	最高	P1	P2	P2	P2	P3	P3	P3	P3
	第二		P3	P3	P3	P2	P4	P4	P4
	第三		P1	P1	P4	P4	P2	P2	P2
	最低				P1	P1	P1	P1	P1

根据上面的市场分析可以看出：

1）P1 产品在第 1 年是唯一的产品，第 2、3 年新产品刚进入市场还没有成熟的时候，仍应考虑保留，以保障企业的现金回流，第 4 年后，毛利再进一步降低，随着新产品趋向成熟，可以考虑退出市场，或仅保留毛利高的国际市场。

2）P2 产品在第 2 到第 4 年是获利最高的产品，应该优先考虑在第 1 年和第 2 年进行研发，作为第 2 到第 4 年的主打产品。到第 5 年，P2 的毛利开始下降，这时，应该研发更高端的产品来保持企业利润，P2 维持或退出。

3）P3 产品在第 2 到第 4 年获利情况一般，但是到了第 5 年毛利最高，所以应该在第 3、4 年研发 P3 产品，并作为第 5 年到第 8 年的主打产品。

4）P4 产品第 4 年才开始有少量的需求，并在第 6 年成为获利第二高的产品。可以根据公司的资金状况在后期研发 P4 产品。

二、产品研发策略的博弈分析

根据前面的分析，一般情况下在前期研发 P2，后期研发 P3 或 P4，是最好的研发策略选择。可是由于整个市场的容量是有限的，即蛋糕是固定的，某家企业占得多，那么其他企业就必然占有得少，在模拟经营中，参与竞争的多家企业之间是一个常和博弈，而最后胜出的只有一家企业，因此整个研发策略，不在于选择哪个最赚钱的产品，而是在于同其他竞争者进行博弈，选择一个空档产品进行研发，形成在某产品上的垄断，这样可以在该市场投入“1M”广告获得较多理想的订单，避免多家企业在某一产品市场的广告“火拼”。以下通过两个具体的模拟经营情境进行分析。

如在企业经营的第 1 年选择研发 P2 或 P3 时，通过前面的分析可知，P2 产品在第 2～4 年是主打产品，理论上应该研发 P2。可是由于这是一种竞争博弈，研发 P2 也不一定是最优策略。假设，在第 1 年，如果六家公司中的五家研发 P2，只有一家公司选择研发 P3。那么，表 4-13 对研发 P2 的五家公司和研发 P3 的公司第 2 年、第 3 年的获利情况进行比较。

表 4-13　一家公司研发 P3 时第 2 年、第 3 年获利能力比较

年份	研发策略	市场总需求/个	生产企业数/个	平均需求/个	平均价格/M	单位产品毛利/M	每家公司平均毛利/M
第 2 年	研发 P2	16	5	3.2	6.6	3.6	11.52
	研发 P3	5	1	5	7.5	3.5	17.5
第 3 年	研发 P2	33	5	6.6	8.16	5.16	34.06
	研发 P3	16	1	16	7.81	3.81	60.96

从表 4-13 可以看出，如果只有一家公司选择研发 P3，则不论是在第 2 年还是在第 3 年研发 P3 产品的公司获利都更大，这还没有计算因为垄断而节省的大量广告费用。

如果有两家公司研发 P3，其余研发 P2，再进行比较，见表 4-14。

表 4-14　两家公司研发 P3 时第 2 年、第 3 年获利能力比较

年份	研发策略	市场总需求/个	生产企业数/个	平均需求/个	平均价格/M	单位产品毛利/M	每家公司平均毛利/M
第 2 年	研发 P2	16	4	4	6.6	3.6	14.4
	研发 P3	5	2	2.5	7.5	3.5	8.75
第 3 年	研发 P2	33	4	8.25	8.16	5.16	42.57
	研发 P3	16	2	8	7.81	3.81	30.48

从表 4-14 可以看出，当有两家以上的公司研发 P3 产品时，则研发 P3 的公司则处于劣势，如果有更多的公司研发 P3，那么研发 P2 则成为较优策略了。所以研发产品实际就是同竞争者进行博弈，能够避开多数竞争者的就是好的研发策略。

再如在第 3 年底或第 4 年初进行 P3 或 P4 产品的研发选择时，也是在进行同样的博弈。因为虽然 P4 产品需求小，且价格低，但是如果其他公司在后期都研发并生产 P3，只有一家公司研发并生产 P4，则研发 P4 产品将是较优的产品研发选择，见表 4-15。

表 4-15　一家公司研发 P4 时第 5 年、第 6 年获利能力比较

年份	研发策略	市场 总需求/个	平均 需求/个	平均 价格/M	单位产品 毛利/M	每家公司 平均毛利/M
第 5 年	研发 P3	33	6.6	8.47	4.47	29.50
	研发 P4	14	14	9.07	4.07	56.84
第 6 年	研发 P3	46	9.2	9.24	5.24	48.2
	研发 P4	23	23	9.37	4.37	100.5

同样，如果反过来，大家都研发 P4，则研发 P3 则成为较优策略，而研发 P4 的公司将惨淡经营，这在全国性企业经营沙盘比赛中也时有出现。

因此研发产品实际就是尽量避开多数竞争者，当然由于经营时一般无法掌握竞争者的具体研发策略，所以尽管经营者努力避开竞争，可是还是可能撞车，同多数竞争者研发了一样的产品，因此在产品研发的竞争中，没有最优的策略，只能根据竞争对手情况灵活而动。

案例：产品创新要顺应市场需求

2012 年柯达公司在迎来自己 132 岁生日的时候，宣布柯达公司及其美国子公司已经提交了破产保护申请。柯达公司昔日的成功和崛起，源于掌握了世界上最为先进的摄像胶卷技术。20 世纪 70 年代中叶，柯达垄断了美国 90%的胶卷市场以及 85%的相机市场份额。鼎盛时期该公司的业务遍布 150 多个国家和地区，资产市值曾高达 310 亿美元。尽管 1975 年柯达公司就研发并制造出世界上第一台数码相机，可是他们却固执地坚守着传统相机和胶卷的地盘，拒绝改变。尤其在奠定为中国的胶片霸主后，在致力于延长胶卷生命周期、继续垄断赚取丰厚利润的异想天开中丧失了机会。在此期间，数码相机迅速地被人们所接受。柯达由于没有把握市场需求变化；低估了尼康、佳能等竞争对手在数码相机产品和市场的发展，也低估了市场形势的发展和变化，事实上，从数码相机推向市场开始，传统摄像方式和胶卷冲印技术就显示出落后性——价格昂贵、使用不便，逐渐被消费者所冷淡。尽管柯达公司仍然在胶片生产领域掌握着许多专利技术，由于背离了市场的需求，最终被消费者所抛弃。

辉达（Reflecta）是又一个典型的例子。直至 20 世纪 90 年代，辉达一直是幻灯机市场的领军者。后来，电子投影仪取代了幻灯机，辉达却未能完成从光学机械幻灯机到电子投影仪的转变，从而在市场上销声匿迹。

只有顺应市场发展趋势，致力于实用性产品的创新，不断满足消费者现在和未来的需求，企业才能立于不败之地。美国苹果公司就是一个典型的案例。这家公司没有停留在技术创新阶段，而是把现代技术与现代艺术有机地结合在一起，向消费者呈现出全新的互联网络工具。所以苹果能成功地再度崛起。

另一个例子就是辉柏嘉（Faber Castell），这家公司曾是计算尺市场的龙头。如今的年轻人已不知道计算尺为何物，但直到 20 世纪 70 年代末，小学生们还人手一把。仅仅几年间，计算尺就被电子计算器挤出了市场，辉柏嘉却仍成功地存活了下来，这多亏了其转型产品——书写用品在全球坚实的市场地位。通快（Trumpf）也是一个成功转型的案例，它曾是全球领先的生产商，专门生产机械金属切削机床，即所谓的步冲轮廓机。自 20 世纪 80 年代末起，机械切割设备开始为激光切割设备所取代，通快于是开始研发自己的激光设备。这不仅巩固了其市场领先地位，还使公司得以发展壮大，在接下来的 20 年中，公司资产增长至 20 亿欧元。如今，通快不仅销售机床，还把工业激光发展为一项独立的业务。

拓展阅读建议

进入电子沙盘系统经营分析的“专家指导”，阅读“ITMC 电子沙盘专家指导”的第五章销售据点；第七章生产。

训练角色三　采购经理

兵书中说“兵马未动粮草先行”，日常生活中有俗语“巧妇难为无米之炊”，均说明物资的重要性。物资是人类赖以生存和发展的基础，也是企业生产建设的基础。企业的物资过程既是价值量的实现过程，也是使用价值的耗费过程。不同的行业，物资消耗占整个生产成本的比例不同，有的物资消耗约占全部生产成本的 30%～40%，有的占的百分比可能更多。如果没有及时采购生产必须的物资，容易造成生产设备闲置，生产能力浪费；过多采购或盲目采购则会导致资金紧张。如何控制好采购环节，保证合理的物资供应，采购经理责任重大。

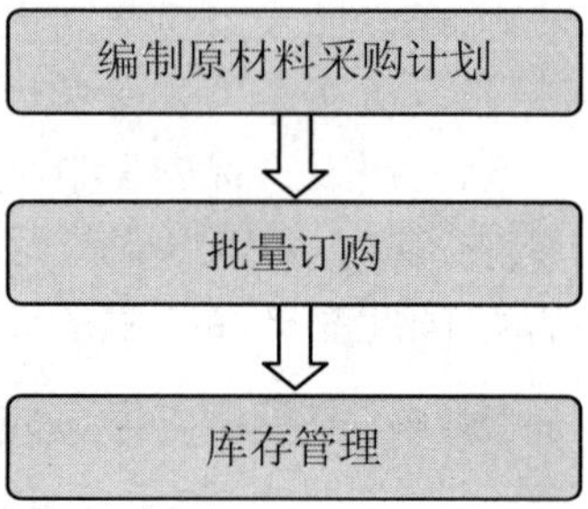

图 5-1　采购经理的工作步骤

企业经营模拟沙盘中，采购经理的工作步骤如图 5-1 所示。

采购经理的训练任务单见表 5-1。

表 5-1　训练任务单

姓名：__________　专业班级：__________　学号：__________　日期：______年______月______日

训练角色	采购经理
任务目标	1. 会制定采购计划； 2. 会进行库存管理
任务步骤	1. 根据生产计划编制采购计划； 2. 掌握柔性生产下的库存管理策略

工作过程记录（学生完成）：

工作步骤	任务要求	学习过程详细记录
制定采购计划	根据选单和生产计划编制	□全部完成　□基本完成　□未完成
学习柔性生产下的库存管理策略	柔性生产下的库存管理策略主要包括	
年经营业绩	模拟企业经营排名	□权益前 3 名　□正常经营　□已破产

工作小结与体会（学生完成）：

签名：　　　　　　年　　月　　日

结果考核（教师完成或指定学生互评）：

（　）通过　　　　（　）不通过

签名：　　　　　　年　　月　　日

任务 1　制定采购计划

【知识目标】

- 了解原材料采购计划的概念、内容和制定方法。
- 明确企业经营沙盘操作过程中原材料采购的步骤和相关注意点。

【能力目标】

能制定模拟企业的原材料采购计划。

【任务引入】

P1 和 P2 产品是公司的主要产品，所以很多公司的采购经理都认为 R1 和 R2 的原材料一定要充足，保证生产线一直是在生产状态，通常都会下了大量的 R1 和 R2 原材料订单，这两种原材料的库存很多。企业的资金因为大量采购原材料变得颇为紧张；与此同时，刚刚研发投产的 P3 产品需要的 R3 原材料却没有提前 2 个季度订购，导致生产线将停产，营销经理也会因此错失很好的竞单机会。

任务：根据你公司的生产状况制定生产计划和物料采购计划，见表 5-2 和表 5-3。

表 5-2　第 3 年生产和物料需求表

编号	生产线类型	产品	内容	本年 1Q	本年 2Q	本年 3Q	本年 4Q	下年 1Q	下年 2Q
L1			产出						
			投产						
			原材料需求						
L2			产出						
			投产						
			原材料需求						
L3			产出						
			投产						
			原材料需求						
L4			产出						
			投产						
			原材料需求						
L5			产出						
			投产						
			原材料需求						

表 5-3　第 3 年物料采购计划表

R1 原材料	毛需求数						
	现有库存						
	计划收到						
	净需求						
	提前期	←提前一个季度下订单					
	采购计划						

续表

R2 原材料	毛需求数						
	现有库存						
	计划收到						
	净需求						
	提前期	←提前一个季度下订单					
	采购计划						
R3 原材料	毛需求数						
	现有库存						
	计划收到						
	净需求						
	提前期	←提前两个季度下订单					
	采购计划						

【任务分析】

原材料充足可以保证生产运作正常，不同产品的原材料构成不同，例如P1产品需要1个R1原材料，P2产品需要1个R1和1个R2原材料。该经理让原材料库囤积大量材料，由于没有和销售订单相互配合，缺乏针对性采购，结果造成资金浪费，相反，采购周期较长的R3或R4原材料因为没有提前采购而出现停工待料情况，所以模拟企业应该在经营前就做好采购计划，因为R3和R4原材料需要提前2个季度预订，因此生产计划和原材料订购计划需要预算到下年的第二季度，以便在本年度最后两个季度预订好下年两个季度的原材料。

【知识链接】

一、采购管理基础知识

1. 采购计划的概念

采购计划是指企业管理人员在了解市场供求情况，认识企业生产经营活动过程和掌握物料消耗规律的基础上，对计划期内物料采购管理活动所作的预见性安排和部署。

2. 编制采购计划的目的

采购计划是为维持正常的产销活动，在某一特定期间内，应在何时购入何种物料以及订购的数量为多少的一个作业计划。制定采购计划需要根据市场的需求、企业的生产能力或销售战略和采购环境等制定采购清单和采购日程表。具体来说，采购计划应达到以下目的：

（1）估计所需的物料数量与时间，保证生产的持续正常进行。

（2）避免物料采购过多，造成库存积压。

（3）配合公司生产计划与资金调度计划。

（4）确定物料耗用标准，以便管制物料采购数量及成本。

二、采购需求分析

采购需求的确定是做好采购计划的关键。对制造企业而言，采购需求计划所应达到的目标首先是能够维持正常生产运行；其次是要尽量减少库存，节约库存成本，减少资金的占用，加速资金周转；再次是配合公司生产计划与资金调度的同时，选择低价位时期购入原材料。因此，在编制采购计划时，计划人员要认真研究企业的生产计划，分析原材料市场情况，选择科学计算方法，确定合理的采购数量。

采购需求分析流程如图 5-2 所示。

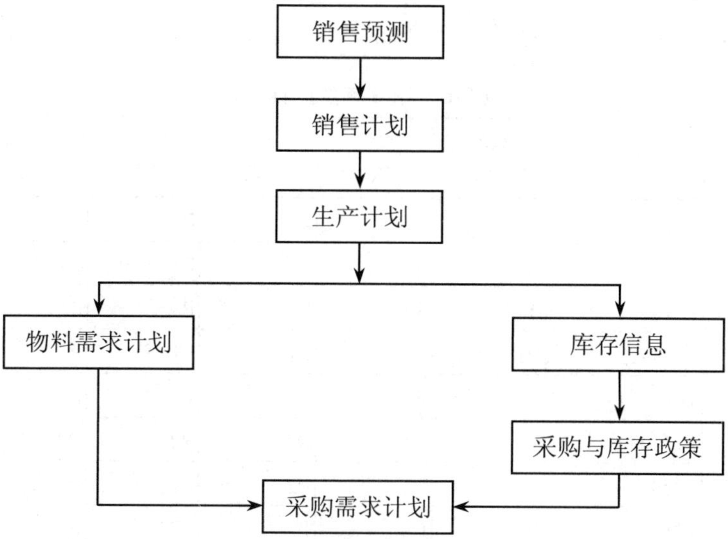

图 5-2　采购需求分析流程

三、制定模拟企业的采购计划

1. 模拟企业年初基本情况

第 3 年初，企业没有成品库存，一共有五条生产线（图 5-3），包括一条半自动生产线，生产 P1；三条全自动生产线，分别生产 P1、P2 和 P3 产品；一条柔性生产线现生产 P2 产品，按照计划本年度可以生产 P2、P3 或 P1 产品，具体需要依据获得订单情况而定。

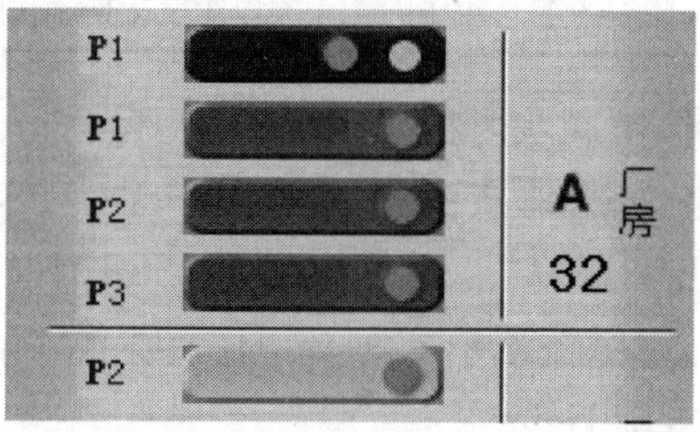

图 5-3　第 3 年初生产线情况

第 3 年初的原材料库存和订货情况见表 5-4。

表 5-4　第 3 年初的原材料库存和订单情况

原材料类型	上二季度订单	上一季度订单	库存	合计
R1	—	3	1	4
R2	—	5	0	5
R3	2	2	0	4

2. 模拟企业第 3 年生产计划

根据图 5-1 的采购需求分析流程图，在制定采购计划前，必须先有销售计划和生产计划，之后编制出原材料需求计划。现在营销经理获得 6 个 P1 订单、6 个 P2 订单和 6 个 P3 订单。生产运营经理按照生产线生产情况，确定一条半自动生产线和一条全自动生产线生产 P1 共可以生产6个，一条全自动生产线可以生产4个P2；一条全自动生产线可以生产4个P3；柔性生产线第一和第二季度产出2个P2，并在第二季度产出第二个P2的同时投产P3，再生产2个P3，年末继续生产第4年毛利大的P2产品。生产运营经理制定生产计划表格见表5-5。

表5-5 第3年生产计划表

编号	生产线类型	产品	内容	本年1Q	本年2Q	本年3Q	本年4Q	下年1Q	下年2Q
L1	半自动线	P1	产出	0	P1	0	P1	0	P1
			投产	—	P1	—	P1	—	P1
			原材料需求	0	R1	0	R1	0	R1
L2	全自动线	P1	产出	P1	P1	P1	P1	P1	P1
			投产	P1	P1	P1	P1	P1	P1
			原材料需求	R1	R1	R1	R1	R1	R1
L3	全自动线	P2	产出	P2	P2	P2	P2	P2	P2
			投产	P2	P2	P2	P2	P2	P2
			原材料需求	R1+R2	R1+R2	R1+R2	R1+R2	R1+R2	R1+R2
L4	全自动线	P3	产出	P3	P3	P3	P3	P3	P3
			投产	P3	P3	P3	P3	P3	P3
			原材料需求	2R2+R3	2R2+R3	2R2+R3	2R2+R3	2R2+R3	2R2+R3
L5	柔性线	P2/P3	产出	P2	P2	P3	P3	P2	P2或P3
			投产	P2	P3	P3	P2	P2或P3	P2或P3
			原材料需求	R1+R2	2R2+R3	2R2+R3	R1+R2	R1+2R2+R3	R1+2R2+R3

注意：柔性线根据订单获取情况安排生产P1、P2或P3，但同一时间只能生产一个产品，转产不需要时间和转产费，每个季度的产出产品是上一个季度投产的产品。在计划下一年的时候因为暂时不确定订单获取的情况，应该按照可能生产多种产品安排计划，如表5-5中，L5的下年第一、二季度需要的原材料可以用来生产P1、P2或P3。

四、制定模拟企业第3年采购计划

由图5-1可以知道，根据生产计划，可以知道要在何时生产何种产品，再根据产品的BOM，可以知道何时需要何种物料，需要采购的原材料的数量=原材料的毛需求–已有库存–计划收到，最后根据采购提前期推算出需要采购的日期。

根据表5-5的生产计划，结合表5-4第3年初的原材料库存和订单情况，制定第3年的原材料订购计划。

第一步：将生产计划表中，每个季度的物流需求数汇总到毛需求数中。

第二步：填写库存，R1和R2的库存=上期库存。

第三步：计算净需求，本期净需求=（本期毛需求–库存–已预订单），如果大于0，则为物料净需求，如果不继续多预定原材料情况，下期库存为0；如果小于0，则当期净需求为0，同时产生下期库存。

第四步：根据物料的净需求，按照订购提前期，提前相应季度下原材料订单。

物料采购计划表见表5-6。

表 5-6　物料采购计划表

原材料种类	内容	本年 1Q	本年 2Q	本年 3Q	本年 4Q	下年 1Q	下年 2Q
R1 原材料	毛需求数	3	3	2	4	3	4
	库存	1	1	0	0	0	0
	已预订单	3					
	净需求	0	2	2	4	3	4
	提前期	←提前一个季度下订单					
	采购计划	***2***	***2***	***4***	***3***	***4***	
R2 原材料	毛需求数	4	5	5	4	5	5
	库存	0	1	0	0	0	0
	已预订单	5					
	净需求	0	4	5	4	5	5
R2 原材料	提前期	←提前一个季度下订单					
	采购计划	***4***	***5***	***4***	***5***	***5***	
R3 原材料	毛需求数	1	2	2	1	2	2
	库存	0	1	1	0	0	0
	已预订单	2	2				
	净需求	0	0	1	1	2	2
	提前期	←提前两个季度下订单					
	采购计划	***1***	***1***	***2***	***2***		

上表是按照零库存为原则制定的原材料采购计划，如果需要批量订购原材料来获得延迟付款，那么需要根据订货情况在“已预订单”填写总的订购批量。

任务 2　柔性生产的库存管理策略

【知识目标】

了解柔性线的特点和管理方法。

【能力目标】

能根据柔性线的特点制定生产计划和材料采购计划。

【任务引入】

在新年度订货会议上，各组的销售经理进行激烈的选单，一张好的销售订单可以为企业带来可观的收益甚至扭亏为盈。B 公司已经接到一张“4P3，账期为 3Q，销售额为 36M”的订单，该公司的销售经理又看到一张“3P3，账期为 1Q，销售额为 30M”的订单，企业现在生产 P3 产品的只有 1 条全自动线，上年度末没有 P3 的库存，企业有条柔性线在生产 P1 产品，本来可以转产 P3，但是在上一年度没有多定 R3 原材料，如果从第一季度开始多下 R3 的订单，要第三季度才开始转产，第四季度才能出产 1 个 P3，预计不能按期交货，所以这样一个很好的订单就拱手让人了。

任务：给 B 公司提建议，如何才能做好柔性线的管理，并在订货会上竞争到好订单。

【任务分析】

B 公司错失一张好订单并不仅是销售经理的责任，生产运营经理和采购经理也应该做好柔性线的生产计划和原材料的采购管理工作，使柔性线可以根据获取订单情况转产需要的产品，不会因为原材料不足而无法转产，又不能有太多库存，占用资金。

【知识链接】

模拟企业采用 MRP 法计算原材料采购计划，能有效地控制原材料的库存。但是有一个关键问题就是：在每年的年度末，企业是不知道到底新一年度的具体销售订单能竞得什么产品，数量是多少，何时交货等，因此，经营者不能预见第三、第四季度应该如何下原材料订单。特别是企业有柔性线的情况下，很难确定下一年度第一、二季度应该采用柔性线生产什么产品。这就要求经营者通过对各市场不同产品需求趋势图分析新一年的市场可能趋势，然后提前下原材料订单。因为规则规定 R1、R2 提前 1 季度下采购订单，R3、R4 下订单 1 季度，运输 1 季度，实际上需要提前 2 季度下订单才能满足按时提供原料上线的计划。同时在不太能确定的情况下，最好适当地多订一些原材料让柔性线在下一年度的第一、二季度能投产有生产资格的任何产品。

例如：某模拟企业第 4 年末具备生产 P1、P2、P3 的资格，现在有生产线共 5 条，其中半自动 1 条生产 P2；全自动 3 条，每条分别生产 P1、P2、P3；柔性线 1 条，正在生产 P1。生产运营经理做的初步生产计划和采购经理的初步计划见表 5-7。

表 5-7 生产与原材料采购计划表

生产线类型	投产/产出	3Q	4Q	下年 1Q	下年 2Q	下年 Q3
半自动	投产	在产	P2	在产	P2	在产
	原材料需求		R1+R2		R1+R2	
全自动线（P1）	投产	P1	P1	P1	P1	P1
	原材料需求	R1	R1	R1	R1	R1
全自动线（P2）	投产	P2	P2	P2	P2	P2
	原材料需求	R1+R2	R1+R2	R1+R2	R1+R2	R1+R2
全自动线（P3）	投产	P3	P3	P3	P3	P3
	原材料需求	2R2+R3	2R2+R3	2R2+R3	2R2+R3	2R2+R3
柔性线	投产	P1	P1	P1	P1	P1
	原材料需求	R1	R1	R1	R1	R1
R1 原材料需求	需求数	3	4	3	4	3
	已有库存	0	0	0	0	0
	提前期	←提前一个季度下订单				
	采购计划	4	3	4	3	
R2 原材料需求	需求数	3	4	3	4	3
	已有库存	0	0	0	0	0
	提前期	←提前一个季度下订单				
	采购计划	4	3	4	3	
R3 原材料需求	需求数	1	1	1	1	1
	已有库存	0	0	0	0	0
	提前期	←提前两个季度下订单				
	采购计划	1	1	1		

如果按照这个计划下原材料订单，如果下年度有较多的 P2、P3 销售订单，模拟企业也不能在短期内把柔性线转产 P2、P3，需要下一年度的第一季度采购足够的 R2、R3，第三季度才能进行转产，这样就有可能失去了获得较好订单的机会。

为了下一年度的第一季度能让柔性线生产已经获得生产资格的任何产品，模拟企业应该改进其生产与原材料采购计划，见表 5-8。

表 5-8 更新后的生产与原材料采购计划表

生产线类型	投产/产出	3Q	4Q	下年 1Q	下年 2Q	下年 Q3
半自动	投产	在产	P2	在产	P2	在产
	原材料需求		R1+R2		R1+R2	
全自动线（P1）	投产	P1	P1	P1	P1	P1
	原材料需求	R1	R1	R1	R1	R1
全自动线（P2）	投产	P2	P2	P2	P2	P2
	原材料需求	R1+R2	R1+R2	R1+R2	R1+R2	R1+R2
全自动线（P3）	投产	P3	P3	P3	P3	P3
	原材料需求	2R2+R3	2R2+R3	2R2+R3	2R2+R3	2R2+R3
柔性线 P1/P2/P3	投产	P1	P1	P1(2/3)	P1(2/3)	P1(2/3)
	原材料需求	R1	R1	R1+2R2+R3	R1+2R2+R3	R1+2R2+R3
R1 原材料需求	需求数	3	3	4	4	3
	已有库存	0	0	0	0	0
	提前期	←提前一个季度下订单				
	采购计划	4	3	4	3	
R2 原材料需求	需求数	3	4	5	6	5
	已有库存	0	0	0	0	0
	提前期	←提前一个季度下订单				
	采购计划	4	5	6	5	
R3 原材料需求	需求数	1	1	2	2	2
	已有库存	0	0	0	0	0
	提前期	←提前两个季度下订单				
	采购计划	2	2	2		

就是假设下一年度柔性线可能生产 P1、P2、P3 的任何一种产品，库存的原材料是能满足三种产品任何一种产品生产的需求。通过适当订购一些原材料的安全库存，让柔性线下一年度初就可以体现出其转产的灵活性，能争取到更好的销售订单。

经营到下一年度，一旦拿到销售订单，企业需要根据实际产品销售量和原材料库存情况及时调整每季度原材料订单。

案例：丰田公司的 JIT 计划模式

JIT 采购的核心是把供应商纳入自己的供应体系，严格按产出计划，由后工序拉动，实现小批量零库存。

1. 长期能力协调

丰田公司设有生产规划课，专门从事制定长期生产计划，时间跨度为3年。此计划不要求精确的车型和数量，只根据市场走势估计3年内可能要生产的车型和数量，越是往后越不准确。每半年制定一次，滚动制作。此计划需要通知供应链上合作企业，让他们知道丰田公司3年内的生产规模和采购规模，使供应商做好必要的长期生产能力准备，制定相应的长期能力计划。

2. 月度能力协调

月度计划是指制定其后3个月的计划，计划的依据是客户订单和适当的预测。由于丰田公司是按需生产，国外客户的计划主要根据已获得的订单安排，国内客户先按订单安排，不足部分依靠预测方法。国外订单先由当地销售部门汇总形成采购文件，再把全部汇总文件发送到设在东京的海外规划部，汇总整理后送到生产管理部。所有文件信息传达都是通过计算机网络，速度很快，达到准时的要求。由于是按订单排计划，因此车型和数量都确定了。此类计划是滚动制定，第一个月基本上是确定的计划，可以执行的计划。第二个月和第三个月作为内定计划，下一次作计划时再进行调整。这类计划的作用是为各级生产商提供月度的能力、物资与资金准备信息。由于生产对象大致明确，准备工作可以有的放矢。

3. 月生产计划

每月中旬制定下月生产计划，到中旬末计划完毕后，再根据最新订单做微调。到下旬，开始计算该生产计划的全部的物料需求，并决定各种型号的车每天的生产量、生产工序组织、生产节拍计算等。计算由计算机完成，工作量浩大，需要算20小时。该计划生产的车都是有明确客户的，下线就可以提走。该计划的作用有两个:

（1）是月度可执行的生产计划。

（2）提供给供应商，做好月度内的供应计划。

4. 日投产顺序计划

准时化生产的准时概念已经以日、小时计量，所以有了月生产计划还不足以实施准时化生产，需进一步制定按日的生产作业计划，而此计划又不同于一般的日计划，其最大特点是除了计划中的品种数量参数外，还有投产顺序，即计算混合装配线上的各种车型的投入顺序。日投产顺序计划提前两天制定，每天做一次，计划只提供给整车总装配线、几个主要部件装配线和主要协作厂商。该计划的作用除了起到一般的日生产作业计划外，更重要的是为在全系统实施看板生产做最后的准备。主要供应商在提前两天的时间内接到此计划后立即通过看板系统把采购信息传递到各自的供应商，供应商或制造或发货，保证在第二天各部件装配线按投产顺序计划生产。然后，陆续把部件送到总装配线，保证投产顺序计划的顺利执行。

5. 直供体系

供应商采用直供到下工序生产现场的方式，称之为直达供应和直送工位体系。实行协作厂商的产品直达供应，实际上是拉动式生产方式从主机厂到协作厂的延伸。由于取消了有缓冲作用的中间仓库，实行起来的风险增大了。但是，由于丰田的供货体系突出了整体利益，双方的互信互利，质量保证，接收货物质量免检，协作厂又近距离分布在主机厂周围方圆50公里以内。因而实现了重要部件按小时供货，次重要部件按日供货，不重要部件按周供货。据统计，有16%的协作厂按周交货，52%的协作厂按日交货，32%的协作厂按小时交货。

（案例来源：http://www.chinabuy.ws/买来利网）

拓展阅读建议

进入电子沙盘系统经营分析的“专家指导”，阅读“ITMC 电子沙盘专家指导”的第八章财务报表。

训练角色四　财务经理

随着全球经济的飞速发展，特别是2008年蔓延全球的金融风暴，有钱就投资，投资就赚钱的情形已经不复存在，如何合理管理手中的资金，如何借助别人的钱生自己的钱，如何在守住已有钱的同时创造更大的财富，是CFO与财务助理们面临的现实问题。

企业经营模拟沙盘操作中，CFO的职责有如下几个主要方面：

（1）财务预算。

（2）筹措资金。

（3）编制利润表。

（4）编制资产负债表。

（5）进行财务分析。

其工作流程如图6-1所示。

财务经理的训练任务单见表6-1。

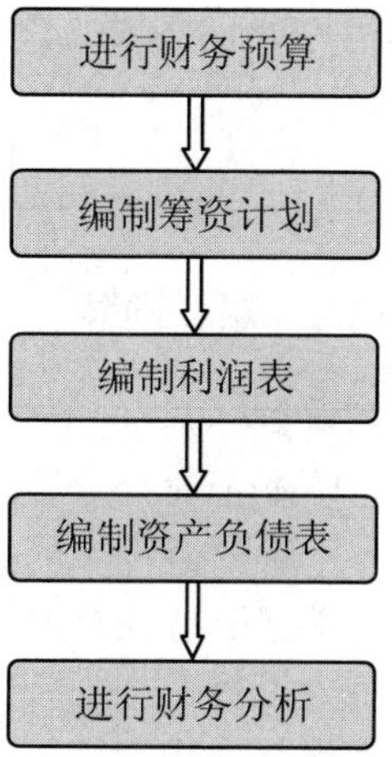

图6-1　财务经理工作流程图

表6-1　训练任务单

姓名：__________　专业班级：__________　学号：__________　日期：______年______月______日

课次	6	课次名称	第4年经营训练	上课地点	实训室	学时	3
训练任务	制定财务预算、进行第4年经营						
任务目标	1. 会编制财务预算； 2. 会编制利润表； 3. 会编制资产负债表； 4. 掌握融资策略； 5. 会进行财务分析						
任务步骤	1. 根据生产计划和采购计划编制财务预算； 2. 经营年末编制利润表； 3. 编制资产负债表； 4. 学习融资策略； 5. 进行财务分析						

工作过程记录（学生完成）：

工作步骤	任务要求	学习过程详细记录
编制财务预算	根据生产计划和采购计划编制	□全部完成　□基本完成　□未完成
编制利润表	年末进行编制	□已经完成　□未完成
编制资产负债表	年末进行编制	□已经完成　□未完成
学习融资策略	融资策略主要包括：	

续表

进行财务分析	对模拟企业进行财务分析	□已分析　　□未分析
经营业绩	模拟企业经营排名	□权益前 3 名　□正常经营　　□已破产

工作小结与体会（学生完成）：

签名：　　　　　　年　　月　　日

结果考核（教师完成或指定学生互评）：

（　　）通过　　　　　　　（　　）不通过

签名：　　　　　　年　　月　　日

任务 1　财务预算

【知识目标】

- 明确企业经营沙盘中财务预算的重要性。
- 了解财务预算的概念。
- 掌握财务预算的方法。

【能力目标】

能根据企业经营沙盘的特点准确进行财务预算。

【任务引入】

在刚刚过去的第 3 年经营中，不少企业因为扩张太快，感觉到资金不足，有断流的危险；也有个别企业因为担心资金不足，保守经营，不扩张生产设备，直到第 4 年初仍只有 1 条全自动生产线、1 条半自动生产线和 2 条手工生产线，因为产能不大，错失了企业发展的良机，使企业的发展明显落后于其他企业。

任务：在模拟企业开始第 4 年经营之前，为模拟企业做好财务预算。

【任务分析】

模拟企业经过几年的经营，多数企业已经有一定的规模，每个季度的需要支出的现金也越来越多，年底还要支付设备维护费、厂房租金等，下年的广告费也是不小的开支，所以模拟企业要在年初的时候制定好财务预算计划，不能等资金捉襟见肘时才悔之晚矣。

【知识链接】

一、财务预算基础知识

财务预算的基本概念

财务预算是一系列专门反映企业未来一定预算期内预计财务状况和经营成果，以及现金收支等价值指标的各种预算的总称，一般包括现金预算、预计利润表、预计资产负债表等内容，在了解企业过去、分析现在和预测将来的基础上对企业即将开始的资金运动过程和结果进行事先的预测和安排，以及现金收支等价值指标的各种预算的总称。

财务预算是企业资金运动的起点。它从制订计划开始，再根据计划组织实施，直到最终根据计划执行的进度和情况进行分析，进而评价各个职能部门的业绩，达到企业高效管理的目的。可见，企业财务预算编制的好坏不仅影响到财务管理工作质量的优劣，更为重要的是将会影响到整个企业经营活动的全过程。

二、企业经营沙盘中的财务预算

在企业经营模拟中，管理团队接管的是刚起步的模拟企业，要承担各种费用和债务。如果没有做好财务预算，稍有不慎，刚起步的模拟企业很容易陷入资金断流的尴尬局面。财务预算还可以解决如何把钱用在刀刃上的问题。

1. 如何编制财务预算

在预算编制之前，模拟企业的 CEO 要会同财务经理、营销经理、采购经理、生产运营经理等相关部门的负责人开新年度会议，这也是工作流程表的第一步，结合上年度的实际生产销售情况、库存情况，定出新年度的销售目标。销售目标一旦确定，与之相配套的生产采购预算，资金预算等的编制就紧跟着落实，这是一整套有顺序且环环相扣的预算计划编制。

2. 财务预算实例分析

以企业经营沙盘实际操作为例，假设在召开第 4 年的新年度会议时，模拟企业的情况如下：

自有 A 厂房，内有四条生产线，分别为 1 条半自动线和 3 条全自动线，半自动线生产 P1，每条全自动生产线分别生产 P1、P2 和 P3；租用 B 厂房，内有柔性线 1 条，正生产 P2 产品，新建全自动生产线 1 条，计划生产 P3 产品，具体情况如图 6-2 所示。

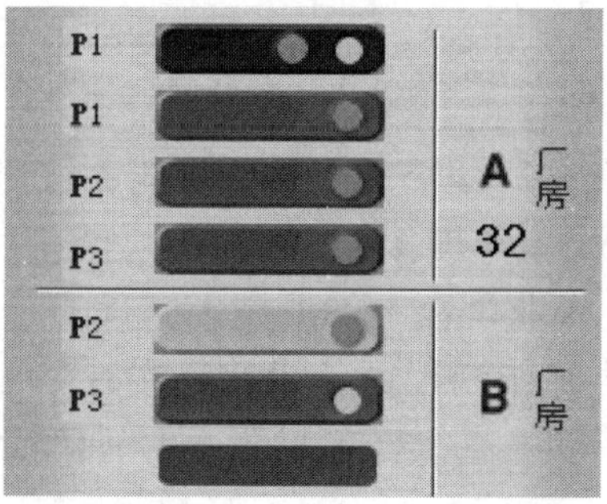

图 6-2　第 4 年初生产线生产状况

原材料库存有 1 个 R1，2 个 R2 原材料；有 R1 原材料订货 3 个，R2 订货 4 个，R3 两期各 3 个；成品库有 3 个 P1 产品，1 个 P2 产品。财务方面：现金库有现金 33M，应收账款 30M，账期为 2Q，长期贷款 80M，其中第 4 年末要还的是 20M，3Y，短期贷款二、三、四季度各有 20M，根据财务报表数据，公司权益为 41M。市场方面：企业已经有 P1、P2、P3 产品的生产资格，本地、区域、国内、亚洲市场已开拓完成，国际市场已经开拓 3 年，ISO9000 资格刚取得，ISO14000 已投资 2 年。

财务预算是独立编制但不是孤立的，要与相关的生产、销售、采购计划相配套，为了系统化，将整套的计划都讲解如下。

首先，仔细分析公司现实情况，制定销售计划，以目前的生产能力以及在制品的情况看，新年度如果不转产，原材料能及时供应，则各生产线产出产品见表 6-2。

表 6-2　产出预估表　　单位：个

生产线编号	生产线类型	产品	1Q	2Q	3Q	4Q
生产线 1	半自动	P1	0	1	0	1
生产线 2	全自动	P1	1	1	1	1
生产线 3	全自动	P2	1	1	1	1

续表

生产线编号	生产线类型	产品	1Q	2Q	3Q	4Q
生产线 4	全自动	P3	1	1	1	1
生产线 5	柔性	可以转产	P2	P2orP1orP3	P2orP1orP3	P2orP1orP3
生产线 6	全自动	P3	0	1	1	1

其中生产线 5 第一季度可以产出 1 个 P2，之后可以根据获取订单情况生产 P1、P2 或 P3 共三个。

企业可以获取的订单情况见表 6-3。

表 6-3 企业可以获取的订单情况表

产品	库存/个	确定产出/个	机动产出	可获取订单/个
P1	3	6	柔性线第一季度可转产，可能产出 P1、P2、P3 合计 3 个	9+(3)
P2	1	5		6+(3)
P3	0	7		7+(3)

注：括号内的 3 个，表示三个产品合计只有 3 个，并非分别有 3 个。

在接销售订单时，一定要慎重，要看企业是否有能力按时交货。如果盲目接订单导致不能交货是要接受处罚的。假如公司本年度接到 10 个 P1 产品的订单和 10 个 P3，因为柔性线最多只能转产生产 3 个机动产品，企业是很难如期完工交货的。

在预测销售目标以后，按照工作流程，是投放广告开始与其他模拟企业竞争销售订单的步骤。假设企业投放 18M 的广告费，竞得订单见表 6-4，营销经理同时需要根据产能初步计划大概确定交货期和回款期。

表 6-4 第 4 年订单登记表

编号	产品	市场	数量/个	单价/M	金额/M	账期	交货期	回款期
1	P1	本地	3	4.4	13	2	4	下 2
2	P1	国内	2	4.5	9	3	3	下 2
3	P1	国内	4	4.3	17	0	1	收现金
4	P1	区域	2	4.5	9	2	2	4
5	P2	本地	3	9	27	3	1	4
6	P2	区域	2	7.1	14	1	2	3
7	P2	国内	2	7	14	1	3	4
8	P3	本地	3	9	27	3	2	下 1
9	P3	国内	2	7	14	2	3	下 1

此时，CEO 再一次召开会议，重点是根据明确的销售任务调整和制定确实的计划。为了不出现“停工待料”或库存原材料占用资金的情况，要制定相应的生产计划和原材料采购计划。

模拟企业的生产计划见表 6-5。

表 6-5　第 4 年生产计划表

编号	生产线类型	产品	内容	本年1Q	本年2Q	本年3Q	本年4Q	下年1Q	下年2Q
L1	半自动线	P1	产出	0	P1	0	P1		
			投产	—	P1	—	变卖		
			原材料需求	0	R1	0	R1		
L2	全自动线	P1	产出	P1	P1	P1	P1	P1	P1
			投产	P1	P1	P1	P1	P1	P1
			原材料需求	R1	R1	R1	R1	R1	R1
L3	全自动线	P2	产出	P2	P2	P2	P2	P2	P2
			投产	P2	P2	P2	P2	P2	P2
			原材料需求	R1+R2	R1+R2	R1+R2	R1+R2	R1+R2	R1+R2
L4	全自动线	P3	产出	P3	P3	P3	P3	P3	P3
			投产	P3	P3	P3	P3	P3	P3
			原材料需求	2R2+R3	2R2+R3	2R2+R3	2R2+R3	2R2+R3	2R2+R3
L5	柔性线	P2/P1	产出	P2	P2	P1	P1	P2	P2 或 P3
			投产	P2	P1	P1	P2	P2 或 P3	P2 或 P3
			原材料需求	R1+R2	R1	R1	R1+R2	R1+2R2+R3	R1+2R2+R3
L6	全自动	P3	产出	0	P3	P3	P3	P3	P3
			投产	P3	P3	P3	P3	P3	P3
			原材料需求	2R2+R3	2R2+R3	2R2+R3	2R2+R3	2R2+R3	2R2+R3
L7	全自动	P1	产出	新购	新购	新购	新购	0	P1
			投产					P1	P1
			原材料需求					R1	R1
当期投产产品合计				5	6	5	5		

根据表 6-5 的生产计划表，制定第 4 年物料采购计划表，见表 6-6。

表 6-6　第 4 年物料采购计划表　　单位：个

原材料种类	内容	本年1Q	本年2Q	本年3Q	本年4Q	下年1Q	下年2Q
R1 原材料	毛需求数	3	4	3	3	4	4
	库存	1	1	0	0	0	0
	已预订单	3					
	净需求	0	3	3	3	4	4
	提前期	←提前一个季度下订单					
	采购计划	3	3	3	4	4	

续表

原材料种类	内容	本年1Q	本年2Q	本年3Q	本年4Q	下年1Q	下年2Q
R2 原材料	毛需求数	6	5	5	6	7	7
	库存	2	0	0	0	0	0
	已预订单	4					
	净需求	0	5	5	6	7	7
	提前期	←提前一个季度下订单					
	采购计划	5	5	6	7	7	
R3 原材料	毛需求数	2	2	2	2	3	3
	库存	0	1	2	0	0	0
	已预订单	3	3				
	净需求	0	0	0	2	3	3
	提前期	←提前两个季度下订单					
	采购计划	0	2	3	3		
预计当期收到材料数合计		10	11	8	11		

当期预计收到材料数合计等于各材料计划预定能到期收到材料之和，作为预算支付原材料款的依据。

制定生产计划和采购计划的同时，CEO 需要组织各部门讨论是否需要拓展企业，一般如果当期获得订单较少或明显资金不足，需要考虑保守经营，即不开拓市场、不研发新产品、不新建生产线，完全保持现状。CFO 的财务预算就很简单，根据上述的销售、生产、原材料采购计划预算支出和收入情况。

但企业仅维持现状是不行的，必须考虑发展。一般情况下，模拟企业在获得不错订单或资金充裕的情况下，都要尽量想办法扩张企业，以期获得更多的利润。所以本例中，模拟企业确定发展战略如下。

生产能力方面：年初新购一条全自动生产线生产 P1，希望下年在国际市场 P1 上获得不错的订单，原有的半自动线年底变卖，以备下年新购全自动生产线。

产品研发方面：计划年底最后一季度开始研发 P4。

市场和 ISO 认证方面：继续开拓完成国际市场，继续投资 ISO14000。

有些参考资料往往要求模拟企业分别预算每个季度的总收入和总支出，如果总收入大于总支出，则认为模拟的现金充裕，企业的预算可行。但在实际的企业运营中却发现，虽然模拟企业的总收入大于总支出，但是可能在季度初还贷和利息的时候现金已经为负数，企业已经断流，那后面就算回流再多现金，或可以借很多的短期贷款也是没有用的；在交货获得 0 账期的现金之前的步骤也是需要保证有足够的流动现金维持企业的运营。所以为了让模拟企业经营的任何一个步骤都有正的现金流，同时又仅在需要的时候才借入短期贷款，需要在还贷和利息之后设置第一个监控点“现金余额 1”，同时在按订单交货前一步骤设置第二个监控点“现金余额 2”。

按照表 6-7 进行现金预算，步骤如下：

（1）首先把上期期末现金 33M 填入“期初现金”。

（2）填入“支付广告费”-18M。

（3）根据上年的短贷情况，在第二、三、四季度的“还短贷和利息”分别填入-21M。

（4）本年度“归还应付款”为 0。

（5）上年度的应收账款 30M 填入“应收款收现”第二季度栏；同时根据表 6-4 中，能在本年度回收款项的金额按照季度数分别填入四个季度，其中订单 6 的金额 14M 填入第三季度，订单 4、5、7 合计的金额 50M 填入第四季度。

（6）在“产品研发投资”栏的第四季度填入-3M。

（7）在“买入原材料”栏中，根据表 6-6，按照每个季度原材料收货的数量填入相应的季度，其中第四季度的 R2 原材料收货为 6 个，变成应付账款 6M，所以第四季度实际支付 3M。

（8）第四季度变卖半自动生产线，在第四季度“变卖生产线”栏填入 2M。

（9）投资一条全自动生产线，在相应栏里每个季度填入-4M。

（10）生产线转产费用为 0M。

（11）根据表 6-5，按照每个季度投产的产品数量，支付投产费用填入相应的栏目。

（12）在“按照订单交货收现金”栏填入订单 3 在第一季度交货后获得的现金 17M。

（13）在“支付行政管理费”栏每个季度填入-1M。

（14）“支付利息/还长贷”栏填入本期应归还长贷 20M 和利息 8M，合计-28M。

（15）在“支付设备维护费”填入 5 条生产线的维护费-5M（半自动已经变卖）。

（16）在“支付租金/购买厂房”栏填入 B 厂房租金-3M。

（17）在“新市场开拓栏”填入国际市场开拓费-1M。

（18）在“ISO 资格认证投资”栏填入 ISO14000 认证费-1M。

（19）初步计算每个季度的现金收入合计和现金支出合计，并算出每个季度的现金余额，得出第一到第四季度的现金余额预算分别为 14M、1M、-24M 和-47M。模拟企业管理者可能错以为第一季度现金充足，不需要贷款，实际上并非如此，需要计算“现金余额 1”和“现金余额 2”之后才能判断第一季度是否需要贷款。

（20）经过试算第一季度的现金余额 1 为 15M，现金余额 2 为-4M，所以如果不贷款，到本步骤企业已经断流，所以在申请短期贷款栏填入 20M，则现金余额 2 为 16M，第一季度期末现金和第二季度期初现金改为 32M。

（21）试算第二季度的现金余额 1 和现金余额 2 分别为 11M 和 20M，并且第三季度的现金余额 1 为-2M，说明第二季度需要贷款 20M。

（22）试算第三季度的现金余额 2 为负数，所以先借入 20M 短期贷款，则第三季度的现金余额 2 为正，但是第四季度的现金 1 余额为负数，需要再多借 20M 贷款，第三季度需要借入 40M 短期贷款，现金余额 2 为 35M，第四季度现金余额 1 为 13M。同时，将第三季度的期末现金和第四季度的期初现金改为 34M。

（23）试算第四季度的现金余额 2 为 68M，但是考虑年末需要还 28M 的长贷和利息，年底还需要支付 11M 各种费用，下年年初需要支付较多的广告费用和第一季度初的还短贷和利息费用 21M，所以本季度仍需要借入 20M 短期贷款和 20M 长期贷款。

第 4 年现金流预算表见表 6-7。

表 6-7　第 4 年现金流预算表　　单位：M

经营步骤	第一季度	第二季度	第三季度	第四季度
	资金收支	资金收支	资金收支	资金收支
期初现金	33	32	39	34
支付广告费	-18			
支付税金	0			
还短贷和利息		-21	-21	-21
现金余额 1	***15***	***11***	***18***	***13***
申请短期贷款（民间融资）	20	20	20	20
归还应付款	0	0	0	0
应收款收现		30	14	50
产品研发投资				-3
买入原材料	-10	-11	-8	-5
变卖生产线				2
投资新生产线	-4	-4	-4	-4
生产线转产	0	0	0	0
投产费用	-5	-6	-5	-5
现金余额 2	***16***	***40***	***35***	***68***
按订单交货收现金或罚款	17			
支付行政管理费	-1	-1	-1	-1
其他现金收支				
支付利息/还长贷				-28
申请长期贷款				20
支付设备维护费				-5
支付租金/购买厂房				-3
新市场开拓				-1
ISO 资格认证投资				-1
关账				
现金收入合计	17 +20	30+20	14+20	52+40
现金支出合计	-38	-43	-39	-77
期末现金对账（请填余额）	32	39	34	49

通过以上的现金流预算步骤，可以知道现金流预算是比较复杂的过程，但是又是非常重要的，如果不进行预算，企业盲目发展，随时有资金断流破产的危险。在预算过程中，其实还可以通过调整交货顺序和采用批量订购原材料延迟支付材料款来调整现金流预算的情况。对于产品交货的安排，一般情况下，尽可能安排每个季度有部分回款，而且尽可能安排在本年第四季度前有更多的回款，因为一般年底需要支付的费用通常更多，同时还需要在年底准备较多的现金用于支付下年初的广告、税金和偿还本年第一季度借的短期贷款和利息。

在模拟企业经营中也可以借助 Excel 表格，通过建立各种链接和函数计算，做成一个预算的决策模型。公司管理层可以在表格中进行反复预算，包括根据资金的情况提前或推后柔性生产线的投入、改变订单的交货顺序来调整现金流的情况，都会有不同的预算结果。

任务 2　编制利润表

【知识目标】

- 了解利润表的概念和结构。
- 掌握利润表的编制方法。

【能力目标】

能编制利润表并进行分析。

【任务引入】

公司第 3 年的经营结束，按照经营流程，应该编制模拟企业的利润表，模拟公司的成员以为第 3 年经营状况不错，应该有盈利，但是财务经理编制的财务报表显示利润是负的，公司的其他成员认为财务经理的利润表编制有问题，企业本年度不可能亏损。

任务：为公司制定正确的年度综合费用表和利润表见表 6-8 和 6-9。

表 6-8　第 3 年综合管理费用明细表

项目	金额	备注
管理费		
广告费		
维护费		
租金		
变更费		
市场准入开拓		□区域　□国内　□亚洲　□国际
ISO 资格认证		□ISO9000　□ ISO14000
产品研发		P2(　　) P3(　　) P4(　　)
其他		
合计		

表 6-9　第 3 年利润表

项目		3 年初	3 年末
销售收入	+		
直接成本	-		
毛利	=		
综合费用	-		
折旧前利润	=		
折旧	-		
支付利息前利润	=		
财务收入/支出	+/-		

续表

项目		3 年初	3 年末
其他收入/支出	+/-		
税前利润	=		
所得税	-		
净利润	=		

【任务分析】

利润表是反映企业经营成果的动态报表，对于新上任的财务经理来说，编制年度利润表可能出现一些错误，有可能是综合费用计算不准确，也有可能是销售订单额或直接成本计算错误。

【知识链接】

一、利润表编制的基础知识

利润表是企业在期末编制的重要报表之一，其反映企业经营成果，属动态报表。

1. 利润表的作用

利润表主要说明有关企业经营成果方面的情况，其反映企业一定会计期间的收入实现情况，比如主营业务收入、其他业务收入、营业外收入等有多少。利润表也可以反映一定会计期间的费用耗费情况，比如耗费的主营业务成本、主营业务税金、营业费用、管理费用、财务费用、营业外支出等；利润表还可以说明企业生产经营活动的成果。在第 6 年的经营中，还将具体说明将利润表中的信息与资产负债表中的信息相结合，进行模拟企业的财务分析、运营能力分析等。

2. 利润表的格式

利润表分成表头、表体以及表尾几部分。表头说明报表名称编制单位、编制日期、报表编号、货币名称、计量单位等；表体是利润表的主体，反映形成经营成果的各个项目和计算过程，表尾是补充材料，有时候可以省略。

3. 利润表编制的步骤

（1）根据原始凭证编制记账凭证，登记总账及明细账。

（2）编制试算平衡表，进行会计账户正确性检验。

（3）根据试算平衡表损益类账户的发生额，计算并填写利润表的各项目。

（4）检验利润表的完整性及正确性。

（5）编制人员和相关人员签字盖章。

二、企业经营沙盘利润表编制要求

1. 编制综合费用表

（1）管理费：每个季度末支付的 1M 行政管理费，每年共计 4M。

（2）广告费：企业年初投放的广告总费用。

（3）维护费：年底可投产的生产线需要支付 1M 维护费。

（4）租金：已经使用的未购买的厂房需要支付厂房租金。

（5）变更费：半自动生产线和全自动生产线转产需要支付转产费。

（6）市场开拓费：当年用于开拓市场的费用。

（7）ISO 认证费：当年用于 ISO 认证的费用。

（8）产品研发费：当年用于产品研发的费用。

（9）其他：主要是罚款和固定资产清理费。

以上前 5 项可以直接从企业经营沙盘盘面观察记录下来，第 6～9 项可以根据现金流量表的支出项目来确定本年度支付的费用。

2. 编制利润表

利润表的格式和计算见表 6-10。

表 6-10 利润表的编制说明

利润表		
项目	行次	数据计算方法
销售收入	1	订单记录表中的销售收入合计
直接成本	2	订单记录表中的成本合计
毛利	3	1 行数据–2 行数据
综合费用	4	广告费+管理费+维护费+租金+市场开拓费+产品研发费+ISO 认证费+转产费+固清+其他
折旧前利润	5	3 行数据–4 行数据
折旧	6	上年设备价值 1/3 四舍五入取整
支付利息前利润	7	5 行数据–6 行数据
财务收入/支出	8	长/短期借款、贴现、民间融资产生的利息收入/支出
其他收入/支出	9	变卖生产线的收入等
税前利润	10	7 行数据+财务收入（利息收入）+其他收入–财务支出（主要指各种贷款利息）–其他支出
所得税	11	10 行数据乘以 25%四舍五入取整
净利润	12	10 行数据–11 行数据

利润表中各项目的具体含义及其作用：

（1）销售收入：销售收入是指企业在一定时期内销售产品而产生的货币收入总额，等于产品单价×产品销售数量。企业经营沙盘的销售收入，就是每年初投放广告后接到产品销售订单上的销售额总计。

（2）直接成本：企业经营沙盘中的直接成本就是构成产品的原材料费用和加工费（人工费）。

P1 产品的直接成本就是 1M 的 R1 原材料费用+1M 的加工费=2M。

P2 产品的直接成本就是 1M 的 R1+1M 的 R2 原材料费用+1M 的加工费=3M。

P3 产品的直接成本就是 2M 的 R2+1M 的 R3 原材料费用+1M 加工费=4M。

P4 产品的直接成本就是 1M 的 R2+1M 的 R3+2M 的 R4+1M 的加工费=5M。

注：以上是全部采用全自动或柔性生产线生产的直接成本，如果用半自动生产 P3、P4 或用手工线生产 P2、P3 和 P4 产品，直接费用将更高。

（3）毛利：简言之，毛利是不扣除其他费用的利润。

（4）综合费用：见表 6-10。注意，在建的生产线不需要维护费，但一旦安装完毕可投产就要 1M/年的费用。

（5）折旧前利润：未提折旧前的利润。因为折旧是企业固定资产中一个重要项目，所以需要特别考虑。

（6）折旧：是指在固定资产使用寿命内，按照一定的方法对其价值损耗进行系统分摊。随着折旧的计提，固定资产的价值就逐年降低。企业经营沙盘规则说明，当年建成和已出售的生产线不计提折旧。为操作方便，厂房不计提折旧。

（7）支付利息前利润：支付各种借款利息前的利润。

（8）财务收入/支出：财务收入一般是指款项存入银行的利息收入。支出是指因为各种融资方式产生的成本，比如贷款利息等。

（9）其他收入/支出：其他收入主要是变卖生产线的收入；其他支出主要是罚款的支出。

（10）税前利润：未扣除所得税之前的利润。

（11）所得税：是指国家对法人、自然人和其他经济组织在一定时期内的各种所得征收的一类税收。和其他税种一样，具有强制性。企业经营沙盘规则中，有几种情况特别要注意：

1）当年税前利润为正数，且以前年度没有亏损，按照所得税率缴纳所得税。

2）当年税前利润为零或负数，不用缴纳所得税。

3）当年税前利润为正数，但是以前年度有亏损，弥补亏损部分不需要缴纳所得税，直至权益达到 58M（初始状态），超过 58M 后的利润需要按照所得税率缴纳所得税。

（12）净利润：与税前利润相比，净利润是缴纳所得税之后的利润，又称纯利润，体现了一个企业经营的最终成果。净利润高，代表企业的经营效益就好；反之，企业的经营效益就差，是企业经营者们很注重的一个数据。

任务 3　编制资产负债表

【知识目标】

- 了解资产负债表的概念和结构。
- 掌握资产负债表的编制方法。

【能力目标】

能编制资产负债表并进行分析。

【任务引入】

某模拟企业在年末编制资产负债表的时候，发现资产负债表不平衡，左边的资产和右边的负债+所有者权益总是不相等，财务经理找不到原因，模拟企业无法按时上交财务报表。

任务：帮助他们分析原因，并为该模拟企业编制正确的资产负债表。

【任务分析】

资产负债表是企业在期末编制的重要报表之一，其反映企业财务状况，属静态报表。资产负债表不平衡的原因很多，有些是属于经营过程中的错误操作导致的，有些是因为在编制利润表或资产负债表中计算有误。

【知识链接】

一、资产负债表的基础知识

资产负债表是提供有关企业财务状况方面信息的报表。使用者通过资产负债表，可以了解某一时点企业资产的总额及其结构，表明企业拥有或控制的资源及其分布情况，即有多少资源是流动资产、有多少资源是长期投资、有多少资源是固定资产等；可以提供某一时点的负债总额及其结构，表明企业未来需要用多少资产或劳务清偿债务以及清偿时间，即流动负债有多少、长期负债有多少等；可以反映所有者所拥有的权益，据以判断资本保值、增值的情况以及对负债的保障程度。资产负债表还可以提供进行财务分析的基本资料，如将流动资产与流动负债进行比较，计算出流动比率；将速动资产与流动负债进行比较，计算出速动比率等，可以表明企业的变现能力、偿债能力和资金周转能力，从而有助于会计报表使用者做出经营决策。

二、模拟企业的资产负债表编制要求

以企业经营沙盘为例编制模拟企业资产负债表，计算过程见表 6-11。

表 6-11　企业经营沙盘中企业的资产负债表

资产负债表			
	数据来源	负债和所有者权益	数据来源
固定资产		负债	
土地和建筑	大小厂房价值之和	长期负债	核对企业经营沙盘和工作表中所有长期贷款
机器和设备（含在建工程）	设备价值（生产线的净值之和）+在建生产线	短期负债	核对企业经营沙盘和工作表中所有短期贷款
总固定资产	正在购建的生产线价值之和	应收款	核对企业经营沙盘和工作表中应付账款
流动资产	上述三项之和	应交税	根据利润表中的所得税数据
现金	核对企业经营沙盘现金库和工作表的现金数据	总负债	上述四项合计
应收款	核对企业经营沙盘和工作表应收账款	权益	
在制品	核对企业经营沙盘和工作表的在制品	股东资本	股东不追加投资的情况下为初始的 45M
产成品	核对企业经营沙盘和工作表产成品库的所有产成品	利润留存	上年利润留存+上年利润
原料	核对企业经营沙盘和工作表原材料库的所有原料	年度净利	根据利润表中的净利润数据
总流动资产	上述五项之和	所有者权益	上述三项合计
总资产	固定资产+流动资产	负债+权益	负债合计+所有者权益合计

资产负债表中各项目的具体含义及其作用介绍如下：

（1）流动资产：是企业资产中容易变现的部分。比如现金、应收账款等。

（2）现金：是流动资产中最容易变现的部分（本身就已经是现金了），但是，财务中所指的“现金”概念不是平时所说的现钞，还要包括银行存款，其他货币资金等，在企业经营沙盘中简单而言就是现金库中的现金。

（3）应收账款：是企业应该向客户方收取但是还没有收到的款项，企业经营沙盘表上的应收账款分四季，按照订单上的账期显示数放入相应的位置，每操作一季往前挪一季的位置，代表离收款变现又近了一季。

（4）在制品：生产线上正在加工的未完工产品，不能以商品的价值出售。注意在制品是计算其价值，而不是计算在制品的个数。

（5）产成品：已经完工入产品库的产品，可以按照订单上所示的销售额出售。产成品也是计算其价值，不是计算产成品的个数。

（6）原材料：就是原料和材料，在企业经营沙盘中有 R1、R2、R3、R4 四种原材料。每个原材料价值 1M。

（7）固定资产：固定资产在生产过程中可以长期发挥作用，长期保持原有的实物形态，但其价值则随着企业生产经营活动而逐渐地转移到产品成本中去，并构成产品价值的一个组成部分。企业经营沙盘中的固定资产有大小厂房、生产线等。

（8）土地和建筑物：大小厂房价值之和。

（9）机器设备：在企业经营沙盘中主要就是指各种生产线，包括已建好的生产线和在建生产线的价值。

注意：在编制报表的时候不能计算生产线原值，要计算减去当年计提的折旧以后的价值（即净值）。生产线提折旧至净值为零时将不再继续计提，生产线可以使用，但每年仍然需要 1M 的维护费。

（10）长期/短期负债：区别这两种贷款的标准就是时间，前者是超过一年的贷款期，后者在一年以内。

（11）应付账款：是企业应该支付但是尚未支付的款项。比如赊购原材料等。

（12）应交税金：是每年要向国家缴纳的各种税金，企业经营沙盘中仅指所得税。注意，当年的数据是填写去年的应交税金数。

（13）一年内到期的长期负债：是提醒企业经营者，企业有长期贷款临近还款期，要安排好资金，一年后可以有足够的现金偿还，避免资金断流。

（14）股东资本：是股东投入企业的资金，用以企业营运等。在股东增资或合法减资的情况下，股东资本会有调整。在企业经营沙盘中，为简化操作，一般没有股东资本的增减调整。

（15）利润留存：是指企业生产经营所获得的，留存在企业尚未以股利形式分配给股东的利润。留存利润是企业历年累积起来的，故又称累积资本。

任务 4　融资策略

【知识目标】

- 了解融资管理的概念、方法。
- 掌握企业经营沙盘中融资的各种方法、各自优缺点和融资管理的重要性。

【能力目标】

能根据企业经营沙盘的特点及时准确运用各种融资方法。

【任务引入】

模拟企业经营到第 4 年末，有的公司因为前期发展缓慢，仍感觉到资金压力很重，公司经理们开始考虑融资计划。

任务：在开始第 5 年模拟经营之前，根据公司发展战略规划制定模拟公司的融资计划。

【任务分析】

本任务需要根据企业的财务状况与经营环境，利用融资管理的相关知识，恰当地运用财务杠杆原理，制定企业的最佳融资策略，以合理的成本获得企业所需的资金。因此需要做到：

选择风险较小的融资方式；合理组合各种融资方式；寻找风险和收益的最佳结合。

能借别人的钱生自己的钱，是经营者的高超手段，当然并不是要债台高筑，因为融资毕竟需要成本，所以合理融资是一门学问。

【知识链接】

一、企业经营沙盘中的融资方式

融资可以有不同的方法，也可以安排在不同的环节。不过，如果盲目融资或没有掌握好时机，会影响企业后期资金运作。在企业经营沙盘中因为操作相对简单，所以融资按照所融资金使用期限的长短分为短期资金筹集和长期资金筹集。

1. 各种贷款

（1）长期贷款。

长期贷款是指还贷期超过一年的贷款。其优点是短期内不用还贷，没有还款压力；缺点是利息率高，融资成本较高。企业经营沙盘规则中，长期贷款年利率达到 10%。一般来说，长贷用于扩张性动机，比如适用购置固定资产（买生产线）等长期投资项目。

（2）短期贷款。

相对于长期贷款，短期贷款是指必须在一年以内还款的贷款。优点是利率低，企业经营沙盘规则中，短贷的年利率仅为 5%，但是还贷期很短，压力大。其次，在企业经营沙盘操作中，企业的权益一旦降低，企业没有足够的现金还贷，又不能继续贷款的情况下，风险就很明显了。短贷一般用于临时流动资金不足的情况下，通过循环借短期贷款来保证企业的流动现金。

（3）民间融资。

规则允许民间融资情况出现，但在企业经营沙盘的教学过程中，尽量不使用该融资方法，因为民间融资的方法负面影响确实很大，还贷期短，利率相当高，用来缓解燃眉之急，后期马上有资金补足的情况下（比如应收账款到账变现）使用。

这种融资方法一般适用于两种情况：

1）企业出现暂时的资金短缺，通过民间融资解决短期的资金缺口问题。

2）企业已经面临因资金枯竭而将破产的情况下，孤注一掷的最后之举。

2. 应收账款贴现

贴现是很专业的一种财务动作，操作灵活，可以随时进行，也是企业较常用的一种融资方法，但是贴现是针对尚未到期的应收账款的，所以要支付一定的贴息，造成了贴现成本。按照采用 7 贴 1 的规则，每次贴现为 7M 或 7M 整数倍的应收账款，其中 6M 或其整数倍的款额入现金库，1M 或其整数倍的款额为贴现利息。比如模拟企业要贴现 14M 的应收账款，其中 12M 变现，直接入现金库，2M 是贴现利息。贴现的利息比长期贷款高，略低于民间融资，同时，贷款的成本计入下期，而贴现的成本计入本期，有可能导致本期权益下降，而减少了下期可以贷款的额度。所以应该尽量避免贴现，这也是为什么模拟企业接销售订单要尽量选择账期短的订单的缘故。

3. 出售厂房

企业经营沙盘运作，是从一个有一定原始积累的企业开始的，其已拥有价值 32M 的 A 厂房和四条生产线。如果出售大厂房变现，企业就要每年支付租金 4M 来租 A 厂房（B 厂房的租金是 3M），并且出售所得要一年后方可变现。所以，这种融资的成本=4÷32=12.5%，利息大于长期贷款，而略少于民间融资。同时出售厂房，需要把 A 厂房的生产线全部变卖之后才可以进行操作，需要企业提前计划才能进行。

4. 出售生产线

根据规则，模拟企业的生产线按残值出售，可以获得相当于残值的现金。当生产线净值大于残值时，之间的差价就是企业因出售生产线产生的损失，成为固定资产清理费用。比如，一条全自动生产线买价是16M，经过一年提折旧，净值为16M-16M/3=11M，但出售残值仅为4M，若此时出售，损失就是11M-4M=7M。同时，生产线的减少也造成企业的生产力下降，直接影响可生产产品的数量。可见，出售生产线以求变现是企业无奈之举。当然，为了更新高级别生产线而出售老旧落后的生产线则是企业正确决策。

在以上的融资渠道中，出售厂房和生产线属于极端的融资行为，一般不推荐采用，一般采用各种贷款和贴现的融资方式。

二、融资策略

在企业经营沙盘中，由于不同融资方式的资本成本及财务风险有所不同，所以模拟企业应计算并且比较不同融资方式的资本成本及财务风险，进而选择适合企业的融资方式及确定不同融资方式的融资比例，既要保证融资的综合资本成本较低，又要控制企业的风险水平，这样才能以最经济的方式获取所需资金，并且在债务到期时能够及时偿还，而不至于由于债务安排的不合理，出现无法偿贷的财务危机。

各种融资方式资金成本与风险比较见表6-12。

表6-12 各种融资方式资金成本与风险比较

融资类型	资金成本	财务风险
短期贷款	最低	最高
长期贷款	一般	较低（偿还期最长）
民间融资	最高	最高
资金贴现	较高	低

1. 融资策略

企业进行的长期贷款一般是满足长期投资的需要。在企业经营沙盘模拟训练中，常用的长期融资策略是在第1年末就把长期贷款全部贷满，以备以后6年长期投资资金的使用。是否采用这种策略需要进行如下考虑：

1）其贷款的成本相对较高，如果增加长期贷款60M，长期贷款总额为100M，每年利息支出是10M，增加了企业的固定费用，当然如果企业能用带来的资金扩大产能，例如可以多购买3～4条生产线，生产的产品又能接到订单并销售出去，获利还是远大于利息费用的。

2）如果长期融资所获得的资金并不用于扩大产能，或扩大产能后，产品不能销往市场，那么企业就可能因为成本高而导致亏损，最后可能破产。

3）一般在预计次年权益下降使得可以贷款额度降低到需要贷款边界的情况下，才提前进行长期贷款。否则，按计划在需要贷款的年度才进行贷款。

4）一定要充分认识到，如果集中在第1年末贷款太多（贷款60M），那么到6年后，企业还贷的压力和风险比较大。

2. 短期融资策略

短期融资主要用于流动资产投资和企业日常经营的必要资金等用途，短期融资包括短期贷款、民间融资两种方式。其中短期贷款的年利息率为5%，融资成本是所有融资方式中最低的。民间融资的年利息率为15%，是融资成本和风险最高的融资方式。这两种融资方式的贷款期限为 1 年，1 年后还本付息。

短期融资的策略如下：

1）通过制定各部门计划和财务预算确定融资计划，即每季度的季初现金加上本期短贷资金应当能维持到更新应收款之前的支出，通过精细计算确定需要融资的时点和额度。

2）先采用成本最低的短期贷款。

3）融资应当根据企业资金的必要，分期短贷，不要挤在一个季度里，这样可以减轻企业的还款压力。

4）期末现金应当大于下季季初要还的短贷本息。因为短期融资是先还到期的贷款和利息，再进行新贷款，所以每次进入下一季度前，一定要先检查季度末现金是否足够偿还下一季度初的短期贷款。

3. 资金贴现与民间融资的应用

资金贴现的成本与民间融资的成本基本相当，在具体的操作中，需要综合考虑来确定采用哪种融资方式。

1）民间融资风险大于资金贴现，对于规避风险型的企业，可以考虑优先使用资金贴现。

2）资金贴现的资金成本在当期，而民间融资的资金成本在下期，为了保证本期权益，不想因为本期权益降低而导致下期贷款额度降低的情况下，应优先采用民间融资。

3）如果资金缺口小于 6M，并且是临时的资金缺口，建议优先采用资金贴现。

4）资金贴现的额度受限于应收账款的额度。

总之，在制订融资策略时，不仅要考虑节约财务费用，还要考虑融资时点、融资风险和贷款的额度等制约因素。好的融资策略需要综合考虑到各方面的原因，各种融资方式搭配应用。财务经理在制订融资策略时，应考虑企业融资是否最大限度地满足企业发展的必要、融资的成本是否最低和资本是否充分利用，效益是否最高。

任务 5　财务分析

【知识目标】

- 掌握基本财务指标分析的概念、内容和方法。
- 明确企业经营沙盘操作过程中财务分析的重要性。

【能力目标】

能对企业经营沙盘操作年末报表的数据进行基本财务指标分析。

【任务引入】

某模拟企业财务报表编制完毕，经信息经理对竞争对手进行查探，得知有一个模拟企业的总资产和自己企业是一样的，但是经营情况却明显好过自己的模拟企业。CEO 很困惑，不知道原因，也不能确定下一个经营年度发展的方向。

任务：如果你是该模拟企业的财务经理，应该怎样分析基本财务指标并向 CEO 提建议呢？

【任务分析】

报表反映的是企业的经营成果（利润表）或财务状况（资产负债表）等，经营者不能只看某一个方面的数据，或者只看报表上的现成数据，必须运用财务分析工具来分析判断。

【知识链接】

模拟企业编制的资产负债表和利润表到底告诉经营者怎样的信息？怎样才能利用财务报

表？需要对财务报表中的数据进行分析，一般可以从偿债能力、营运能力和盈利能力这三个基本财务指标着手分析。

一、偿债能力分析

前面已讨论过，为了有足够的资金运作企业，经营者要运用各种融资手段，但各种贷款要在一定期限还本付息，模拟企业需分析企业的偿还债务能力。

1. 短期偿债能力分析指标

（1）流动比率。

流动比率=流动资产÷流动负债

一般来说，流动比率的合理值为2，在企业经营沙盘中，流动资产不仅包括现金，还有应收账款、存货（原材料、在产品和库存商品），其中存货的变现能力比较差。而流动负债则包括短期贷款、民间融资、应交税金三项。一般情况下要求流动性相对强的流动资产（现金和应收账款）至少要等于流动负债的才是安全的。

（2）速动比率。

存货的偿债能力弱，真正具备高偿债能力的是现金与应收账款部分。所以，将存货部分从流动资产中去除的偿债能力，称之为速动比率。

速动比率=（流动资产–存货）÷流动负债

合理的速动比率值为1。变现能力强的现金与应收账款必须大于或等于流动负债。否则，经营者便可判断是短期偿债能力偏低，不安全。

在企业经营沙盘对抗中，现金是最具流动性的，所以，应收账款的变现就成了经营者应该重点关注的因素。从企业经营沙盘规则可知，除零账期订单，其他销售订单应收账款的账期为1～4季，因为应收账款不能用于抵债，当企业应收账款到账期大于流动负债的偿还期，风险也就显现出来了。若企业没及时发现并采取相应措施，就不得不采用贴现的方式提前变现而承担贴现成本。

（3）现金比率。

现金比率=（流动资产–存货–应收账款）÷流动负债

现金比率反映了流动负债的绝对偿债能力，但这个指标并不意味着企业要留有大量现金，而是要控制在合理数量内，如果一味保守，不适时投资新生产线，不进行产品研发和新市场开拓，企业将因为发展受限而遭受损失甚至破产。

2. 长期偿债能力分析指标

超过1年以上偿还期的贷款为长期贷款，企业经营沙盘规则规定，其只能在每年年末进行，数额不能超过上年所有者权益的两倍。每年年底付息（10%的年利率），到期还本。

（1）资产负债率。

资产负债率=负债总额÷资产总额×100%

资产负债率反映了企业在营运过程中，所用资金有多少是举债所得，企业经营者可以通过分析该指标，明白负债总额与资产总额的比例，并与投资报酬率相比较，从而判断企业的借款是否维持在一个合理的水平，债权人能明白自己放出的贷款到期能否顺利收取本金和利息。

（2）产权比率。

产权比率=负债总额÷股东权益×100%

产权比率反映了债权人提供的资本和股东提供资本的相对关系。所谓债权人是指依合同约定或者法律规定有权向债务人主张清偿权利的人；股东是股份公司或有限责任公司中持有股份的人，有权出席股东大会并有表决权，也指其他合资经营的工商企业的投资者。该比率越高，说明风险越高，报酬也越高；反之产权比率低，说明风险较低，报酬也较低。

（3）已获利息倍数。

已获利息倍数=息税前利润÷利息费用

所谓息税前利润，是指利润表中显示的尚未扣除利息费用和企业所得税的那部分利润，该指标反映企业息税前利润是所要支付的债务利息的倍数。这个指标指足够大，说明企业有足够大的能力偿还利息。由于各模拟企业的经验策略和发展方向不同，如生产线购置、开拓新市场、研发新产品、ISO 认证、投放广告费等费用，一方面企业增加贷款使利息费用增加，另一方面企业的息税前利润因为费用过大而降低，从而使已获利息倍数比率下降，这时模拟企业要设法在短期内提高产能、扩大销售而提高企业利润，从而提高这个指标，降低利息支付的压力。

二、营运能力分析

营运能力反映了企业在资产管理方面效率的高低。主要包括应收账款周转率、存货周转率和资产周转率等。

1. 应收账款周转率

应收账款周转率=销售收入÷平均应收账款

应收账款周转率说明应收账款流动变现的速度。一般说来，应收账款周转率越高，其平均周转期就越短，应收账款转为现金的速度也越快。

2. 存货周转率

存货周转率=销售成本÷平均存货

存货周转率是企业一定时期销售与平均存货余额的比率。用于反映存货的周转速度，即存货的流动性及存货资金占用量是否合理，促使企业在保证生产经营连续性的同时，提高资金的使用效率，增强企业的短期偿债能力，是反映企业购、产、销平衡效率的一种尺度。存货周转率指标值越高，表明企业存货资产变现能力越强，存货及占用在存货上的资金周转速度越快。

例如：假设企业经营沙盘某年度末的销售成本为 12M（6 个 P1 产品需要 2M ×6=12M 的成本），存货期初数为 17M，期末数为 16M，可以得出 12÷[(17+16)÷2]=0.72，360÷0.72=500 天，也就意味着年度存货的平均周转天数达到 500 天，是很慢的。企业存货需 1 年半时间才周转完成。上面的分析可以发现企业产成品库存很大（积压商品）。因此，在以后模拟经营年度，提高存货周转率是很必要的。

3. 资产周转率

资产周转率=销售收入÷平均资产总额

资产周转率越高，说明周转速度越快，销售能力越强。因为单纯从资产负债表上看，资产数值很高也不能说明企业情况一定良好。如果企业积压了大量产成品卖不出去，资产数值也很高，但此时的情况其实很不乐观。

三、盈利能力分析

开办企业的最终目的是利润最大化，盈利能力反映了企业赚取利润的能力。常用的指标主要有销售利润率、资产利润率和净资产收益率等。

1. 销售利润率

销售利润率=净利润÷销售收入×100%

净利润是扣除利息费用并缴纳企业所得税后的利润，也称纯利。

2. 资产利润率

资产利润率=净利润÷平均资产总额×100%

资产利润率说明企业资产利用的综合指数。指标越高越好，表示资产利用率越高。

3. 净资产收益率

净资产收益率=净利润÷平均净资产×100%

净资产收益率反映的是公司所有者权益的投资回报率。

案例：希尔顿旅店——借鸡生蛋，借钱生钱

提起美国的“希尔顿旅店”，很多人都知道，但是，你知道美国人希尔顿是怎么盖起“希尔顿旅店”成为亿万富翁的吗？他发财的秘籍就是“借鸡下蛋，靠钱生钱”。

希尔顿年轻的时候就特别想发财，每天都在做发财梦，就是一直没有机会而已。一天，他正在街上来回转悠，突然发现整个繁华的达拉斯商业区居然才有一个酒店。他想：我如果在这里建筑一座高档次的酒店，生意一定会非常兴隆。于是，在经过认真研究之后，他觉得位于达拉斯商业大街拐角地段的一块土地最适合做旅店。在弄清楚了这块土地的所有者是一个叫老德米克的房地产商人之后，他就去找他。老德米克给他开了个价，说你如果想买这块土地需要30万美元。

于是，希尔顿请来了建筑设计师和房地产评估师给他的旅店进行测算。按希尔顿的设想，经过测算，这个旅店建起来最少需要100万美元。其实，这只不过是希尔顿还在假想的一个旅店。

当时，希尔顿的手里只有5000美元，这和100万美元还差多少啊！但是，他没有灰心，而是先用这点钱成功地买下了一个旅馆。由于旅馆不停地升值，很快他就有了5万美元。然后他又找到了一个朋友，请他一起出资，两人才凑了10万美元，就开始建设这个旅店。事实上，这点钱还不够买地皮用的，离他设想的要建的旅馆所需要的钱还差得很远。在这种情况下，许多人都觉得希尔顿的这个想法是在痴人说梦。

在这种情况下，希尔顿再次找到老德米克签订了买卖土地的协议，土地的出让费是30万美元。

然而，就在老德米克等着希尔顿如期付款的时候，希尔顿却对土地所有者老德米克说：“我想买你的土地，是想建一座大型旅店，而问题是我的钱只够建造一般的旅店，所以，我现在不想买你的地，只想租借你的地。”老德米克听了以后有点火，不想和希尔顿进行合作了。但希尔顿没有着急，非常认真地对他说：“如果我可以租借你的土地的话，我的租期为90年，分期付款，每年的租金为3万美元，你可以保留土地所有权。如果我不能按期付款，那么，就请你收回你的土地和在这块土地上我所建造的饭店。”老德米克一听，转怒为喜。世界上还有这样的好事，30万美元的土地出让费没有了，而换来270万美元的未来收益和自己土地的所有权，还有可能包括土地上的饭店。于是，这笔交易就谈成了。这样，希尔顿第一年只需支付3万美元就可以，而不用一次性支付30万美元了，就是说，希尔顿只用了3万美元就拿到了应该用30万美元才能拿到的土地所有权，这样，希尔顿就可以省下27万美元。但是，这与他要建造的旅店需要的钱差距还是很大。

于是，希尔顿第三次找到老德米克。对他说：“我想以土地作为抵押去贷款，希望你能同意。”老德米克虽然不愿意，可是又没有办法，因为希尔顿已经拿到了土地的使用权。就这样，希尔顿从银行顺利地获得了30万美元的贷款，再加上他自己原有的，支付给老德米克3万美元后，还剩下37万美元。即使是这样，离建造旅店的100万美元还差得很远。于是，他又找到了一个土地开发商，请求他一起开发这个旅店。这个土地开发商给了他20万美元，这样他的资金就达到了57万美元。

就这样，1924年5月希尔顿旅店在资金缺口已经不是很大的情况下开工了。但是，当他的旅店建造一半的时候，手中的57万美元就全用光了。怎么办？在这种情况下，希尔顿又去找老德米克，向他如实地说明了资金上遇到的困难，希望他能够出资。他说："如果旅店一完工，你就可以拥有这个旅店，只不过您应该租赁给我经营，我每年付给您的资金不少于10万美元。"这个时候，老德米克已经被他套牢了，如果他不答应，不但希尔顿的钱收不回来，自己的钱也一分收不回来了，在这种情况下，老德米克没有办法只得同意。而且，更重要的是自己也不吃亏——建希尔顿旅店，不但旅店是自己的，每年还可以拿到丰厚的租金收入。于是，就同意出资继续完成剩下的工程。

1925年8月4日，以希尔顿名字命名的"希尔顿旅店"建成开业。希尔顿用5000美元在两年的时间里完成100万美元的庞大工程。他"借鸡下蛋，靠钱生钱"建造"希尔顿旅店"，不能不说是一种创举和冒险。从此，希尔顿也步入他人生的辉煌期。到1976年，希尔顿酒店凭借着"微笑服务"的理念等，已经从一家扩展到七十家，成为全球最大规模的酒店之一。而他本人也成为世界著名的亿万富翁之一。

（案例来源：《企业家创新的故事》）

拓展阅读建议

进入电子沙盘系统经营分析的"专家指导"，阅读"ITMC 电子沙盘专家指导"的第九章融资理财。

训练角色五　总经理

总经理是一个公司的操盘者，企业的灵魂人物，公司的业务执行最高责任人，一个公司的发展方向和成果业绩，很大程度上决定于总经理的战略决策。在现实社会中，有很多公司愿意以高薪聘请高素质的人才担任总经理一职，旨在期望其带领公司获得更高的利润。

企业经营模拟沙盘实战中的各个角色是由参加模拟实战的各组学员自行决定的。一般而言，每个模拟公司有5～9名成员，谁担任何种角色可以从各自所学的专业和性格特点考虑。例如，担任CEO的多半为工商管理专业的学生，有较强的组织协调能力，性格较为外向积极。在企业经营模拟实战中，CEO需要督促各部门经理按照经营流程表进行公司经营，指导他们工作，使本公司成员形成默契的团队合作。

在企业经营模拟沙盘中，总经理的主要职责如下：

（1）召集新年度管理层会议，运用SWOT分析工具进行分析，确定企业发展战略规划。

（2）根据实际订单做新年规划，确定年度发展规划。

（3）根据工作流程表带领模拟企业成员开展工作并时刻调整公司发展策略。

（4）团队协作，调整团队成员之间的关系。

总经理在企业经营模拟沙盘中的主要工作流程如图7-1所示。

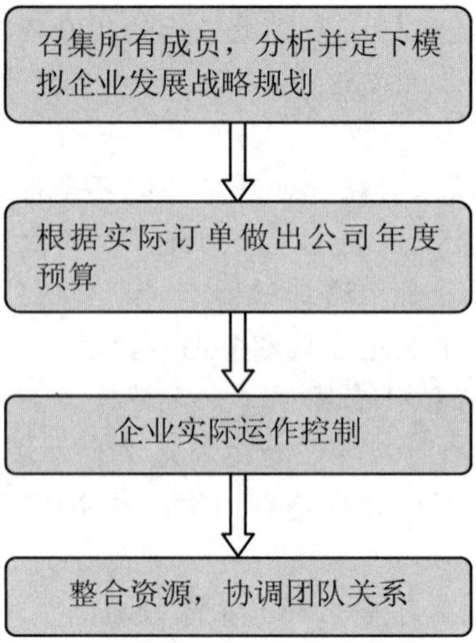

图 7-1　总经理在企业经营模拟沙盘中的工作流程图

总经理的训练任务单见表 7-1。

表 7-1　训练任务单 5

姓名：__________　专业班级：__________　学号：__________　日期：______年______月______日

训练任务	总经理
任务目标	1. 能进行 SWOT 分析； 2. 掌握企业经营战略； 3. 能制定企业中长期发展规划
任务步骤	1. 进行模拟企业的 SWOT 分析； 2. 学习企业经营战略； 3. 制定企业中长期发展规划

工作过程记录（学生完成）：

工作步骤	任务要求	学习过程详细记录
进行 SWOT 分析	对模拟企业进行 SWOT 分析	□已分析　□未分析
学习企业战略和总结	企业战略主要包括	
制定企业中长期发展规划	模拟企业中长期发展规划制定	□已制定　□未制定
经营业绩	模拟企业经营排名	□权益前 3 名　□正常经营　□已破产

工作小结与体会（学生完成）：

签名：　　　　年　　月　　日

结果考核（教师完成或指定学生互评）：

（　）通过　　　　（　）不通过

签名：　　　　年　　月　　日

任务 1　SWOT 分析

【知识目标】

- 了解 SWOT 的特点、内容、适用范围。
- 掌握 SWOT 工具在企业战略规划中的应用。

【能力目标】

能在企业经营沙盘中实际运用 SWOT 分析法。

【任务引入】

在企业经营沙盘中，模拟企业的起始资源是比较有限的，总经理不但要和财务经理考虑如何运用有限的资金，还要做好开拓新市场、研发新产品的规划，只有把影响公司发展的内外综合因素全面考虑才能成为最后的赢家，而这些是要建立在充分了解企业内部条件与企业外部环境基础上的。

任务：请根据以上情境，结合企业经营沙盘过程，分析企业的自身优劣情况和企业外部环境，为公司制定发展战略提供决策支持。

【任务分析】

分析企业自身优劣情况和外部的环境是非常重要的一个环节。通过分析自身的情况，可以扬长避短，分析外部环境可以寻找机会规避风险。

运用 SWOT 分析方法，可以对模拟公司进行全面、系统、准确的研究，从而根据研究结果制定相应的发展战略、计划以及对策等。

SWOT 分析在战略决策上有着重要的作用。主要表现在以下方面：

（1）可以分析出企业在资源方面的优势与劣势，把握环境提供的机会，防范可能存在的风险与威胁。

（2）可以清晰地把握全局，从而得出全面、系统、准确的结论。

（3）可以为制定相应的发展战略、计划以及对策等，提供决策参考依据。

有的经营者在开始经营时热血沸腾，往往只看到自己的优势而忽略了弱项，甚至把优势无限放大，在经营开展时，被没有充分估计的弱项拖了后腿，再重新定位企业已经是为时已晚。所以在企业经营沙盘中要运用 SWOT 分析工具，全面分析企业情况才能有的放矢，合理经营。

【知识连接】

一、SWOT 分析概述

SWOT 分析法又称为态势分析法，源自 20 世纪 80 年代初的美国，其四个英文字母分别代表：优势（Strength）、劣势（Weakness）、机会（Opportunity）、威胁（Threat），属于综合分析工具，就是将与研究对象密切相关的各种主要内部优势、劣势，外部机会、威胁等，通过调查列举出来，并依照矩阵形式排列，然后用系统分析的思想去分析研究对象，从中得出一系列的结论。该方法主要帮助经营者分析和制定相应的发展战略。

二、SWOT 分析法的步骤

1. 内部因素的优势与劣势分析（SW）

企业能否在复杂的竞争环境中生存和发展，很大程度上取决于企业内部的各种因素。所以，在做企业内部优势劣势分析时，应从企业经营过程的每个环节上来进行综合分析，必须看到一时的优势或劣势不是单一的竞争因素决定的。比方说，一个质量过硬的产品不一定热销，可能是因为造型包装不够时尚，如果此时企业经营者没有仔细分析市场需求，一味在质量上下功夫，将仍然无法使产品畅销；再如产品质量也很好，样式也新颖，如果没有采用合适的销售渠道，产品销售也会受阻。此类例子不胜枚举。

2. 外部因素的机会与威胁分析（OT）

在企业经营环境中机会和威胁往往是相伴而来的，对于经营者来说，不仅要合理分析哪些属于“机会”哪些属于“威胁”，更要带着“慧眼”，识别机会后面是否有威胁隐患，或者威胁能否带来新机会。例如，现在很流行“山寨”产品，看上去很像诺基亚的手机，漂亮时尚、功能齐全，但仔细一看牌子可能是“诺其亚”，不过价钱仅为正牌诺基亚手机的三分之一，甚至更便宜，这样的仿冒品对诺基亚公司无疑是一个威胁，因为有很多想用时尚手机又囊中羞涩的潜在用户可以选择山寨版的“诺基亚”手机，让山寨公司赚了本来应该让正牌公司赚取的利润，但是这样的威胁可以让经营者认识到，坚定走中高端品牌的意识，锁定有中高消费能力的潜在客户，赚取更高的利润。

3. 构造 SWOT 矩阵

将调查得出的各种因素根据轻重缓急或影响程度的高低等排序方式，构造 SWOT 矩阵，如图 7-2 所示。在此过程中，先将那些对公司发展有直接的、重要的、迫切的、久远的影响因素优先排列出来，再将那些间接的、次要的、不急的、短暂的影响因素排列在后面。

外部环境	潜在外部威胁（T）	潜在外部机会（O）
	不利的政策 新的竞争者进入 市场增长缓慢 通货膨胀递增 代替品的销售额逐步上升 供应商和用户的议价能力增强 其他	有能力加入更好的企业集团 有进入新市场的可能 在同行中竞争业绩优良 顾客需求增强 市场增长迅速 能争取到新的顾客群 能够纵向一体化 其他
内部环境	潜在内部优势（S）	潜在内部劣势（W）
	良好的融资能力和财务资源 产权技术 成本优势 产品创新 规模经济 高素质的管理人员 适应力强的经营战略 生产效率高的生产线 其他	管理不善 战略制定及实施的历史纪录不佳 资金紧张 总体成本高于同行 竞争劣势 生产线落后 产品线范围太窄 技术开发落后 其他

图 7-2 SWOT 矩阵

4. 制定行动计划

在完成环境因素分析和 SWOT 矩阵的构造后，便可以制定出相应的行动计划。制定计划的基本思路是：发挥优势因素，克服弱点因素，利用机会因素，化解威胁因素；而且要考虑过去，立足当前，着眼未来。运用系统分析方法，将排列与考虑的各种环境因素相互匹配起来加以组合，得出一系列公司未来发展的可选择对策。

三、SWOT分析法在企业经营沙盘中的应用实例

企业经营沙盘实战有几个模拟企业同时进行对抗，这样就构成了一个类似真实的竞争环境，经营者在操盘过程中可以利用 SWOT 分析工具，更好地为企业经营决策服务。

假设有某个模拟企业，经营到第 4 年，目前的情况如下：

企业资产方面：现金 20M，拥有大厂房，内设三条全自动生产线，净值均为 11M，一条半自动生产线，净值为 1M，还有一条柔性生产线刚建成投入生产，同时还有一条全自动线在购建，差一季完工。应收账款有 29M，四个账期。原材料采购和供应等正常，产成品库有 10 个 P1 产成品，未接到销售订单。

负债方面：长期负债 80M，其中 60M 三年后归还，20M 于本年底归还，短期贷款为零。

技术力量：企业已经成功开发了 P1、P2、P3 产品，P4 产品正在研发中，尚差 2 季研发成功。ISO9000 和 ISO14000 均未进行开发。

销售渠道：本地、区域、国内和亚洲市场已经开发，国际市场有待开发。

因为企业前几年的决策正确，P2 产品是区域市场的市场领导者。

权益：68M，在六组模拟企业中处于第三名位置。

SWOT 分析：先从模拟企业内部条件进行分析。

优势：

- 从本地、区域、国内和亚洲市场已经开发的现实情况分析，该模拟企业有较好的销售渠道，只要广告投放正确，销路没有问题。
- 因为 P2 产品是区域市场的市场领导者，所以企业占有较好的市场份额。
- 拥有大厂房，内设三条全自动生产线，一条半自动生产线，还有一条柔性生产线刚建成投入生产，同时还有一条全自动线在购建，说明企业的设备比较先进，有竞争力。
- 企业已经成功开发了 P1、P2、P3 产品，P4 产品正在研发中，尚差 2 季研发成功，说明产品类型多样，也比较高端。

劣势：

- 企业目前只有 20M 的现金，资金紧张，因为企业正在购建新生产线，P4 产品也需要资金开发，再加上多种费用（比如管理费、维护费等）开支，企业需要再等四个季度才有 29M 的应收账款到期入现金库，故资金很可能断流而造成企业终止营运；经营一个企业要保证财务尽可能保持在最佳状态。资金的过多当然说明资金没有得到最充分利用，属于“闲置”，资金不够用采取贴现甚至慌忙中卖厂房等，导致综合费用的上升而影响模拟企业的权益，都不是良策，同时会导致企业进入“挖东墙补西墙”的被动局面。
- 企业产成品库有 10 个 P1 产品，并且没有接到销售订单，说明这些 P1 产品是积压产品，因为目前是企业第 4 个经营年，从产品需求趋势图上看，此时各个市场对 P1 产品的需求已经不大，而且利润较前几年降低很多，该模拟企业的 10 个 P1 产品很难销售出去，造成资金占用，耗费库存成本。
- ISO9000 和 ISO14000 都没有开发，从产品需求和市场发展趋势图上可以分析，随着市场发展，消费者对产品要求会越来越高，没有 ISO9000 或 ISO14000 认证的产品较难接到销售订单。而 ISO9000 和 ISO14000 的开发不仅需要资金，还需要较长年度。

再从模拟企业外部环境进行分析。

机会：

- 市场对 P3、P4 产品的需求不断扩大，价格也不断上升。
- 国际市场的开拓能使得企业扩大新的销售渠道。

威胁：

- P1、P2 产品需求逐渐下降，价格也在不断下降。
- 本地市场开始萎缩。

从上面的分析，模拟企业的经营者应该及时召开会议，把存在的问题按照轻重主次排列，得出当务之急需要解决的问题如下：

（1）资金非常紧张，亟待解决。

（2）P1 产品积压问题严重。

（3）需要开发 ISO 认证。

列出最迫切的问题后，企业可以制定解决方案，比如：企业权益为 68M，长期贷款总额是 80M，所以企业还可以贷款 68M 的 2 倍减去已经贷款的数额，即 136–80=56M，企业应该立刻申请贷款，缓解资金困难的问题；在下年要设法获得 P1 产品的销售订单，如市场需求不大，订单很少，要想法多打广告，以销售产品，力求资金回笼；要充分利用先进设备多生产高端产品以求获得更高利润。

任务 2　运用企业战略

【知识目标】

掌握模拟企业的经营战略。

【能力目标】

能运用合理企业战略经营模拟企业。

【任务引入】

在企业经营沙盘中，B 公司在第 6 年年初经营会上，组员们争论非常激烈，有些组员埋怨总经理在开始经营的时候没有给公司制定合理的战略，有些组员说自己提出了很好的发展战略方案，但是没有得到实施。

任务：请你为 B 公司制定合适的发展战略。

【任务分析】

企业战略是指在市场经济条件下，企业为谋求长期生存和发展，在充分分析外部和内部条件基础上，对企业主要目标、经营方向、重大经营方针、策略和实施步骤，做出长远、系统和全局的谋划。首先要在对环境分析的基础上，确定企业长期的目标，进而决定生产什么，在哪个时期进入或退出，决定支持或限制某些业务领域，最后确定经营策略。本任务主要研究企业经营策略的问题。

【知识链接】

一、企业经营沙盘的战略技巧

1. 先发制人战略

第 1 年就以高的广告策略夺得销售额高的订单，并利用这种优势积极开发新产品、开拓新市场，成功实现 P1 向 P2、P2 向 P3 或 P4 的主流产品过渡。筹集大量资金投资生产能力大的全自动或柔性线。在竞争中始终保持主流产品销售量和综合销量第一，同时以巨大的产能并一直采用高广告策略争夺更多销售订单。在整个经营过程保持权益最高，使对手望尘莫及，最终夺得头筹。

2. 先屈后伸战略

前1～2年谨小慎微，缩小广告投入，减慢研发速度，背地里却摩拳擦掌，多建设备，多储资金，蓄势待发；中期大刀阔斧，突飞猛进。这种战术颇有道理，适合市场前期量小，中后期量大的情况，往往能产生石破天惊的奇效，体现了老谋深算，欲先取之、必先与之的儒家思想，但要注意掌握好转折的时机和注意维持前段的存活空间。

3. 后发制人战略

前段平淡无奇，相貌平平，最后一、二年突发奇兵，如占领国际市场，卖出大量产品或开发和生产出高价产品等，从而大幅度提高权益。此法可麻痹敌人，使其产生错误的判断，放慢脚步，裹足不前，自己则出奇制胜，让对手败于一役。此战略体现了“实则虚之，虚则实之”的孙子兵法思想，但只是短期冲高，上扬幅度有限，且若遇同样战术者必然两败俱伤。表7-2中A公司即采用此战略，在第5年占领国际市场，从而在第6年超过对手夺魁。

表7-2 各种所有者权益变化情况 单位：M

	起始年	1	2	3	4	5	6
A	66	39	26	23	47	74	126
B	66	39	21	40	60	82	98
C	66	44	24	40	44	56	111

4. 规避竞争战略

此战略尽量减少两军相争，人弃我取，忍气吞声。如别人不要国际市场，则自己占领之；别人不生产某产品如P4产品，则自己生产之。此战略有可取之处，但缺少对竞争对手的遏制，且开发的是非主流市场或产品，开发时不是费用大就是周期长，因此会步履艰难。

5. 专营战略

专营战略以一种产品为主进行广告投放，减少广告费用支出，同时也可减少开发费用以及其他开销。此战略可集中全力，但竞争面狭窄，没有考虑产品的生命周期和市场需求量等因素，不易取得市场领导者的地位。

表7-3是某公司历年订单汇总表，前3年专营P1产品，后3年专营P3产品，历年收入总额太少，苟延残喘。

表7-3 某企业的订单情况 单位：M

年份	P1			P2			P3			P4		
	收入	数量	成本	收入	数量	成本	收入	数量	成本	收入	数量	成本
1	6	2										
2	20	8										
3	23	10										
4							34	4	16			
5							53	6	24			
6							38	4	16			

6. 兼营战略

与专营战略相反，就是在多个产品市场进行广告投放，并进行多种产品的生产，以此占领多个产品市场，此战略较为稳妥，但会增加开发费用和其他费用开支。表 7-4 是一兼营战略的例子，P1 的转产、P2 的开发和 P3 的开发逐步完成，错落有序，在实战中成绩斐然。

表 7-4 兼营战略企业收入情况表

单位：M

年份	P1			P2			P3			P4		
	收入	数量	成本	收入	数量	成本	收入	数量	成本	收入	数量	成本
1	16	3	6									
2	19	4	8	15	2	6						
3	15	5	6	64	7	21	47	6	24			
4				66	8	24	37	4	16			
5				84	11	33	41	5	20			
6				38	6	18	87	10	40			

任务 3 制定企业中长期规划

【知识目标】

了解影响企业利润的因素。

【能力目标】

- 能预估本年底企业权益。
- 能做好两个年度的发展规划。

【任务引入】

模拟企业在第 4 年做好了财务预算，资金是足够的，可是到了第 5 年，却发现第 5 年的经营会出现资金紧张，企业需要借民间融资才能度过难关。

任务 1：做好本年度的财务预算。

任务 2：根据本年度的财务预算，估算年底权益，并制定下年初步计划。

【任务分析】

一般情况下，如果企业做好了本年度的财务预算，并且本年度是盈利的，那么由于年底的权益会增加，因此下年度可以借的短期贷款和长期贷款都会更多，下年度的资金会比较充裕；相反，如果企业本年度是亏损的，那么企业可能会因为本年度的权益下降，下年度可以借贷的额度降低，导致资金紧张，甚至资金断流，所以模拟企业最好在本年度做好下年度的初步预算，最少确保下年度前两个季度的运营资金是足够的。

【知识链接】

一、企业基本情况和本年度的财务预算

某企业共有四条生产线，其中三条全自动生产线分别生产 P1、P2 和 P3，还有一条柔性线年初正生产 P2 产品。其基本状况见表 7-5。

企业没有成品和原材料库存，企业第 4 年初的权益是 40M，有第二季度应收账款 21M，第三季度应收账款 33M，第四季度应收账款 31M，长期贷款 80M，期初现金 38M，第三、四季度短期贷款各 20M，第 4 年初投入广告 15M，获得订单见表 7-6。

表 7-5　某企业的生产线状况　　单位：M

生产线编号	生产线类型	产品	购买年份	开始投产	现值	预计本年折旧
L1	全自动	P1	第 2 年	第 3 年	11	4
L2	全自动	P2	第 2 年	第 3 年	11	4
L3	全自动	P3	第 3 年	第 4 年	16	5
L4	柔性	P4	第 3 年	第 4 年	24	8

表 7-6　第 4 年订单登记表

编号	产品	市场	数量/个	单价/M	金额/M	直接成本/M	账期	交货期	回款期
1	P1	国际	4	5.5	22	8	4	4	下 4
2	P2	本地	2	7.5	15	6	4	1	下 1
3	P2	亚洲	3	7	21	9	3	4	下 3
4	P3	本地	2	8	16	8	2	2	本年 4
5	P3	国内	3	9	27	12	4	4	下 4
合计					101	43			

根据订单情况可以制定初步生产计划和物料采购计划，并在表 7-6 中填写交货期和回款期，回款期=交货期+账期，如果大于 4 则在下年度回款。其中，根据订单情况，柔性线第一季度出产 1 个 P2 之后需要转产 P3，共有 2 条线生产 P3，一条线生产 P2，一条线生产 P1，每个季度需要原材料共计 9 个，需要支付原材料采购费用 9M；四条生产线每个季度需要支付 4M 加工费用；模拟企业计划研发 P4 产品，并新购 2 条全自动生产线生产 P4 产品。制定初步现金流量表：

（1）支付广告费 15M，在第一季度支付广告费填上“-15”。

（2）第三、四季度需要还短期贷款本金 20M 和利息 1M，在相应栏目分别填上“-21”。

（3）应收账款收现，第二季度填“21”，第三季度填“33”，第四季度去年交货本年回款 15M，本年交货回款 16M，填“31”。

（4）新研发产品 P4，每个季度填上“-3”。

（5）支付原材料货款，每个季度填上“-9”。

（6）投资 2 条全自动新生产线，每个季度填上“-8”。

（7）投产费用，每个季度四条生产线投产，填上“-4”。

（8）支付行政管理费用，每个季度填上“-1”。

（9）支付长期贷款利息，在最后一季度填上“-8”。

（10）支付设备维护费，共计四条生产线填上“-4”。

（11）支付厂房租金，已经启用 B 厂房建新线，填入“-3”。

（12）ISO 资格认证投资，填上“-1”。

进行资金预算，发现第一、二季度需要短期贷款各 20M，第四季度末因为需要保证下年第一季度的广告费用和还短期贷款本息共 21M，所以需要借入 40M 短期贷款。

全部记录具体见表 7-7。

表 7-7 第 4 年现金流预算表

单位：M

经营步骤	第一季度	第二季度	第三季度	第四季度
	资金收支	资金收支	资金收支	资金收支
期初现金	38	18	34	21
支付税金	0			
支付广告费	-15			
还短贷和利息		0	-21	-21
现金余额 1	***23***	***18***	***13***	***0***
申请短期贷款（民间融资）	20	20		40
归还应付款	0	0	0	0
应收款收现		21	33	31
产品研发投资	-3	-3	-3	-3
买入原材料	-9	-9	-9	-9
投资新生产线	-8	-8	-8	-8
投产费用	-4	-4	-4	-4
现金余额 2	***19***	***35***	***22***	***47***
按订单交货收现金或罚款				
支付行政管理费	-1	-1	-1	-1
支付利息/还长贷				-8
申请长期贷款				0
支付设备维护费				-4
支付租金/购买厂房				-3
新市场开拓				0
ISO 资格认证投资				-1
关账				30
现金收入合计	20	41	33	71
现金支出合计	-40	-25	-46	-62
期末现金对账（请填余额）	18	34	21	30

二、估算本年度利润和期末权益

1. 估算本年度的综合费用

根据初步的财务预算，可以估算本年度综合费用见表 7-8。

表 7-8 本年度的综合管理费用表

项目	金额/M	备注
管理费	4	四个季度的行政管理费
广告费	15	
维护费	4	四条生产线的维护费

续表

项目	金额	备注
租金	3	B 厂房租金
变更费	0	
市场准入开拓	0	
ISO 资格认证	1	ISO14000 认证费 1M
产品研发	12	研发 P4 产品，每季度 3M，共 12M
合计	39	

2. 估算本年度利润

本年度的税前利润=销售收入–直接成本–综合费用–折旧–利息费用

=101–43–39–21–10= -12M

由于利润为负，所以不需要支付所得税，税前利润就是年度净利润。

3. 估算本年度的权益

本年度权益=上年度的权益+本年度净利润=40–12=28M

三、制定下年度的初步财务预算

根据模拟企业的基本情况，初步预算如下：

（1）模拟企业下年度有 6 条生产线，1 条生产 P1；1 条生产 P2；2 条生产 P3；新购的 2 条生产线生产 P4，每个季度需要支付生产加工费 6M。

（2）模拟企业每个季度需要支付原材料采购费用 17M。

（3）模拟预计支付广告费 9M，在第一季度支付广告费填上“-9”。

（4）第一、二季度需要还短期贷款本金 20M 和利息 1M，在相应栏目分别填上“-21”，第四季度填“-42”。

（5）根据表 7-6，应收账款收现，第一季度填“15”，第三季度填“21”，第四季度填“49”。

（6）产品研发 P4，第一季度填上“-3”。

（7）支付行政管理费用，每个季度填上“-1”。

（8）支付长期贷款利息，在最后一季度填上“-8”。

（9）支付设备维护费，共计六条生产线填上“-6”。

（10）支付厂房租金，已经采用 B 厂房建新线，填入“-3”。

（11）ISO 资格认证投资，填上“-1”。

（12）进行资金预算，由于企业权益由 40M 降低为 28M，企业仅可以借 40M 的短期贷款和 40M 的民间融资，暂定每个季度贷款 20M。

下年度现金流预算表见表 7-9。

表 7-9 下年度现金流预算表 单位：M

经营步骤	第一季度	第二季度	第三季度	第四季度
	资金收支	资金收支	资金收支	资金收支
期初现金	30	8	-17	0
支付税金	0			
支付广告费	-9			

续表

经营步骤	第一季度	第二季度	第三季度	第四季度
	资金收支	资金收支	资金收支	资金收支
还短贷和利息	-21	-21		-42
现金余额 1	***0***	***-13***	***-17***	***-42***
申请短期贷款（民间融资）	20	20	20（民间融资）	20（民间融资）
归还应付款	0	0	0	0
应收款收现	15	0	21	49
产品研发投资	-3			
买入原材料	-17	-17	-17	-17
投资新生产线				
投产费用	-6	-6	-6	-6
现金余额 2	***9***	***-16***	***1***	***4***
按订单交货收现金或罚款				
支付行政管理费	-1	-1	-1	-1
支付利息/还长贷				-8
申请长期贷款				0
支付设备维护费				-6
支付租金/购买厂房				-3
新市场开拓				0
ISO 资格认证投资				-1
关账				-15
现金收入合计	35	20	41	69
现金支出合计	-57	-45	-24	-84
期末现金对账（请填余额）	8	-17	0	-15

由上面的初步预算可以看出，到下年度模拟企业因为第二季度初需要偿还第一季度的短贷本息 21M，现金流缺口是 13M；第四季度末的现金缺口是 17M，因为第四季度初需要偿还第三季度的短贷本息 42M，资金缺口为 42M。这些资金缺口虽然可以通过下年度贴现或拿到短账期的订单，有可能勉强获得能支持企业运营的现金，但是企业断流的机会很大，特别是年初准备广告费用仅 9M，很可能因为不能获得合适的订单而导致企业破产。

为了确保企业能安全运营，降低企业资金断流的风险，建议模拟企业对本年底的预算做出如下两个方面的调整：

（1）建议暂缓 P4 的研发 12M，这样企业可以减少 12M 综合费用，企业可以保证本年度不亏损，保住 40M 的权益。

（2）减少生产线的投入，仅新购1条生产线，用于生产P3。

如上所述，企业可以通过适当减少费用的开支来保持企业权益在一定水平之上，从而确保借入短期贷款和民间融资的额度，也可以通过减少固定资产的投入来保证足够的现金来维持下年度的企业运营。模拟企业根据以上调整再修改本年度预算和下年度的初步预算，以尽量降低下年度破产或资金断流的风险。

案例：企业战略管理中的潘多拉

战略管理是一种选择，一种定位——确定企业何所为，何所不为。也可以理解为根据企业自身资源结合外部环境而选择的一个可获得持续竞争优势的空间。在这一空间中你有对手所不具备的能力，通过努力经营，不断强化这一优势，成为核心竞争力。

企业要长期发展，就必须要有高瞻远瞩的战略规划并毫不动摇地坚持此战略。但市场却有太多潘多拉的盒子诱惑你去打开……

2002年12月7日，联想集团股份有限公司对外界宣布：以17.5亿美元收购IBM公司旗下的笔记本电脑部门。从而联想集团在全球的PC市场份额增至8%，销售额将达120亿美元，一跃成为世界第三大PC厂商，仅次于戴尔与HP。

由此可见，联想已将主要精力放在计算机这一经营主业上。几年前，联想在战略的征途中遇到过诸多的诱惑。如手机市场高速发展带来的巨大利润；互联网的遍地黄金；餐饮行业巨大的利润蛋糕……面对诱惑，联想开始进入这些行业，实行产业多元化，几年后当一组组巨额亏损的数字摆在联想高层的面前，多元化扩张宣告失败。此时，联想才意识到梦想与现实的距离。踏踏实实做自己的优势核心业务——PC。中国很多企业在看到汽车、地产、互联网等行业的高利润，而盲目采取多元化，如三九集团等企业多兵败而退或苦苦支撑。

TI（德州仪器）公司发明了单芯片处理器，这一发明标志着个人计算机时代的来临。也奠定了TI在行业中的地位。20世纪80年代前期TI一直是全球第一大半导体公司，但也卷入了多元化发展的困境，经营涉及笔记本电脑、企业软件、打印业务、国防工业、数字信号处理器。各项业务在行业中排名都在第十位左右，只有数字信号处理器业务排名第一。TI经过慎重选择，将笔记本电脑、国防工业等业务全部卖掉，将全部精力与资金投在DSP（数字信号处理器）ANALOG（模拟）领域，创造了今天在半导体领域的辉煌基业。

企业盲目的进入其他行业，其经验、技术、渠道等各项成本都很高，且不具备相应的优势，若主业根基不稳，分流大量的资金、人力，更会使主业地位受到威胁。与其承担风险，去打拼陌生的行业，期望获得很难属于自己的丰厚利润，不如加大力度，全力经营主业，这样同样可以获得更加丰厚的利润，且风险相对低得多。

有一种说法认为：介入多个行业可降低风险。其实这种做法正是最大的风险。比如，在十个行业各投资一亿元只能算中、小企业，一面要考虑如何站稳脚跟，谋求发展；一面又要防备行业变化的冲击、强大对手的虎视及高昂的经验成本。若将十亿资金集中投入到一个优势行业中，情况就会大不相同，因为这些资金可以使你在该行业中具有举足轻重的地位及强大的抗风险能力。

聚焦优势产业将是企业做大做强的明智选择。但并不是说企业不可以进行多元化，应根据实际情况而定。比如以下4种情况：

（1）企业实力处于行业前列并相对稳定，很难再有更大的发展。如中集集团，该企业已占全球集装箱市场70%以上的市场份额，再继续在本行业发展，空间将相当有限，必须进行多元化拓展；

（2）行业整体增长放缓或处于下滑。寻呼行业是个典型的例子，如果抱残守缺，将被市场淘汰；

（3）新介入行业与原行业有互补性关联，中集集团的多元化发展就是以主业——集装箱为基础进行的关联性拓展，做飞机廊桥、半挂拖车等，和主业即有关联，又可互补；

（4）新行业中具备核心优势。

若能认清是非，谨慎取舍，战略的前方就不再是诱惑的陷阱，而是机会与财富。

（案例来源：http://www.themanage.cn/中国企管网）

拓展阅读建议

进入电子沙盘系统经营分析的“专家指导”，阅读“ITMC 电子沙盘专家指导”的第十章准备战术规划指导方针。

综合训练　分析工具

本学习情境主要训练任务是要求学员进行团队合作，在企业模拟经营中合理充分配合，综合采用分析决策工具做好企业的预算和对企业进行分析，为第二轮电子沙盘实战经营做好充分准备。

任务 1　批量采购下的财务预算

【知识目标】

了解原材料批量采购的规则。

【能力目标】

能运用批量采购的策略解决企业财务问题。

【任务引入】

模拟企业在某年预算的时候发现财务状况比较紧张，现金不足，需要较多的短期贷款。财务经理认为太多的短期贷款会带来一定的财务风险，而且企业成本也会增加，建议其他经理考虑适当缩减开支，以减少贷款，但是生产运营经理和营销经理都不同意缩减开支，这时采购经理提出，也许可以考虑通过批量采购原材料来缓解资金的压力。

任务：充分运用批量采购原材料延迟付款的规则来缓解模拟企业的资金压力。

【任务分析】

应付账款指因购买材料、商品或接受劳务供应等而发生的债务。这是买卖双方由于取得物资与支付货款在时间上不一致而产生的负债。企业可以通过延迟付款来无偿使用一笔流动资金，以缓解企业的资金压力。

【知识链接】

企业经营沙盘中，按照规则可以通过批量采购延迟支付原材料款项，形成一定账期的应付款，其规则见表 8-1。

在企业经营模拟中，模拟企业可以利用这个规则延迟支付原材料款项，可以减少贷款，提高利润。

表 8-1 采购原材料延迟付款表

原材料采购（每个原材料价格 1M）		账期
每种每次原材料采购	5 个以下	现金
	6～10 个	1Q
	11～15 个	2Q
	16～20 个	3Q
	20 个以上	4Q

例如，某模拟公司的经营到某年有 2 条全自动线生产 P2，2 条全自动线生产 P1，企业计划新购一条柔性生产线，并计划研发 P3 产品。在第二季度会收到应收账款 27M，第四季度会收到应收账款 33M，制定的预算表见表 8-2。

表 8-2 模拟公司某年制定的预算表 单位：M

经营步骤	第一季度		第二季度		第三季度		第四季度	
	资金收支	现金余额	资金收支	现金余额	资金收支	现金余额	资金收支	现金余额
年初现金	25	25	19	19	27	27	8	8
支付税金	0	25						
支付广告费	-7	18						
还短贷和利息	0	18						
申请短期贷款（民间融资）	20	38	0	19			20	28
应收款收现			27	46			33	61
买入原材料	-6	32	-6	40	-6	21	-6	55
产品研发投资	-2	30	-2	38	-2	19	-2	53
投资新生产线	-6	24	-6	32	-6	13	-6	47
投产费用	-4	20	-4	28	-4	9	-4	43
支付行政管理费	-1	19	-1	27	-1	8	-1	42
支付利息/申请长期贷款							-2	40
支付设备维护费							-4	36
支付租金/购买厂房								
新市场开拓							-1	35
ISO 资格认证投资							-1	34
结账								34
现金收入合计	20		27		0		53	
现金支出合计	-26		-19		-19		-27	
期末现金对账（请填余额）	19	19	27	27	8	8	34	34

因为下年第一季度需要还本年第一季度借的短期贷款本息 21M，所以本年期末应保证在足够下年支付广告费和税金之后仍有大于或等于 21M 的现金。

按照这个预算，本年需要在第一季度和第四季度分别贷款 20M，下一年度需要支付利息

2M。如果模拟企业在上年第四季度一次性订购 21 个 R1，那么本年第一季度收到 21 个 R1，但是不需要支付货款，而是四个季度后支付，也就是下年的第一季度才支付货款。企业只需要支付 2 个 R2 的原材料款项，其财务预算变成表 8-3。

表 8-3　某年批量订购后的新财务预算表　　单位：M

经营步骤	第一季度		第二季度		第三季度		第四季度	
	资金收支	现金余额	资金收支	现金余额	资金收支	现金余额	资金收支	现金余额
年初现金	25	25	3	3	15	15	0	0
支付税金	0	25						
支付广告费	-7	18						
还短贷和利息	0	18						
申请短期贷款（民间融资）	0	18	0	3	0	15	0	0
应收款收现			27	30			33	33
买入原材料	-2	16	-2	28	-2	13	-2	31
产品研发投资	-2	14	-2	26	-2	11	-2	29
投资新生产线	-6	8	-6	20	-6	5	-6	23
投产费用	-4	4	-4	16	-4	1	-4	19
支付行政管理费	-1	3	-1	15	-1	0	-1	18
支付利息/申请长期贷款							-2	16
支付设备维护费							-4	12
支付租金/购买厂房								
新市场开拓							-1	11
ISO 资格认证投资							-1	10
结账								10
现金收入合计	0		27		0		33	
现金支出合计	-22		-15		-15		-23	
期末现金对账（请填余额）	3	3	15	15	0	0	10	10

因为下年第一季度不需要偿还短期贷款，所以期末现金只需要足够支付下年税金和广告费。

通过采用批量采购的规则，形成应付账款后，模拟企业可以减少 40M 的短期借款，利息费用减少 2M。但是在采用这个规则的时候需要注意原材料平均用量、订购批量和应付账款账期的问题，一般情况下，利用这个规则需要满足以下条件：

季度原材料平均用量≥订购批量÷（应付账款账期+1）

如果模拟企业在季度原材料平均用量很小的情况下，例如本例中的 R2，那么到了需要支付原材料货款的时候，企业还有较多的原材料库存，下一年度的资金压力更大。

企业可以充分利用应付账款的付款周期在一段时间内无息地使用这笔货款。如果企业采购规模较大，通过应付账款无息使用的货款资金量就会非常庞大，应付账款节省的利息费用就能够产生巨大的利润和效用。中国的一些商业连锁企业，如苏宁、国美等，甚至利用这笔资金帮助企业快速扩张。有专家分析国美、苏宁多年的财务报表发现，其债务主要为短期负债，没有长期负债，而短期债务中绝大部分是应付账款和应付票据。按照行业经验，应付账款一般仅延期 3～4 月，而企业就可以无偿使用应付账款为企业创造更多利润。

任务 2　竞争对手分析

【知识目标】

- 了解竞争情报的含义。
- 掌握竞争情报的收集内容和收集方法。

【能力目标】

能根据目标收集有用的竞争情报。

【任务引入】

在企业经营沙盘中，为了要在竞争中脱颖而出，获取竞争的胜利，就必须要获取市场以及竞争对手的相关信息，俗话说知己知彼，百战百胜。如在决策广告投放方案时，就需要知道该市场该产品的总需求、生产该产品的企业有哪些、这些企业的产能如何、该产品库存情况、企业资金情况等，以期使得企业的广告投入效益最好，可这些信息如何才能得到呢？

任务：收集竞争对手的情报作为企业决策的依据。

【任务分析】

收集竞争情报是在企业经营沙盘中信息经理需要做的一个内容，也是信息经理开展后续工作的基础。现代企业要参与激烈的商业竞争，都必须要获取相关的内外部信息。在企业经营沙盘模拟训练中，可以通过观察对手的盘面、根据对手广告投放选单的情况来分析竞争对手的情况。

【知识链接】

在企业经营沙盘中，一般需要收集竞争对手的生产情况、研发情况、市场开拓情况、销售情况等方面的信息，比较全面的竞争对手情报需求表见表 8-4。

表 8-4　竞争对手情报需求表

项目	主要内容
生产情况	1．正在生产的产品（P1、P2、P3、P4）； 2．在制品及库存产品品种和数量； 3．生产线类型及数量（正在建设的生产线应注明建设期）； 4．原材料采购情况
研发情况	1．已研发完毕和正在研发的产品； 2．ISO 开发情况
市场开拓	1．已开拓完毕的市场； 2．正在开拓的市场
销售情况	1．销售产品类型及数量单价和销售额； 2．各公司所占的产品和各市场的市场份额； 3．广告投放情况
财务情况	1．资产情况（现金、应收账款数量及账期、生产线净值、原材料价值、厂房价值）； 2．负债情况（长贷、短贷、民间融资及应付账款情况）； 3．损益情况（年度净利、应交税金、所有者权益）

收集的竞争信息情报主要为企业经营决策服务。如企业在经营中期要决定研发 P3 或 P4 策略时，需要调查其他模拟公司的已经研发的产品情况，以及可能进入研发 P3 或 P4 的公司情况，进而决定企业的后期研发策略。企业重要决策需要的信息情报见表 8-5。

表 8-5 企业重要决策需要的信息情报表

决策内容	需要的竞争对手的信息内容
投放广告决策	1. 在制品及库存产品品种和数量； 2. 生产线类型及数量； 3. 各产品的产能情况； 4. 已研发完毕和正在研发的产品； 5. ISO 开发情况； 6. 已开拓完毕市场； 7. 往年广告投放情况； 8. 对手期末的现金数
开拓市场决策	1. 对手已开拓完毕市场； 2. 对手正在开拓的市场； 3. 竞争对手在各市场生产各产品的产能
研发产品决策	1. 对手已研发完毕和正在研发的产品； 2. 对手生产各产品的生产能力； 3. 对手的资金状况
购置新生产线决策	1. 对手生产各产品的生产能力； 2. 对手已有的生产线类型及数量； 3. 对手正在建设的生产线（类型、数量、生产的产品）

获得竞争对手信息的途径一般通过参与竞单会和利用年末的间谍时间。

1. 订单会

企业通过参加每年年初的订单会，至少可以获得如下信息：

（1）产品研发情况。因为企业只有在当年已经研发完毕或能够研发完毕该产品，方能在市场上获取订单，所以通过观察企业在各个产品市场的选单情况，就可以确定该公司目前已经研发的产品。如通过观察发现某公司在第 3 年的订单会上，只在 P1、P2 产品市场有出现选择记录，则可以确定，目前 A 公司已经研发的产品是 P1、P2，而 P3、P4 尚未研发或未研发完毕。

（2）广告投入情况。从对手选单的顺序可以大概估计对手的广告投放额度。

（3）销售情况。通过观察各公司选单的先后顺序以及事先了解的市场订单情况，就可以初步推断企业销售产品数量和销售额。

2. 每个经营年度结束时给出的间谍时间

在企业经营沙盘中，每年结束时会给 5～10 分钟的间谍时间，允许各参赛小组到其他小组去观察其经营盘面。这就可以通过此次间谍时间获取所有公司经营状况。当然这需要各公司提前做好准备。如提前分工，谁负责收集哪几组的信息以及提前设计好间谍任务，以便更好地在规定时间获取更准确的信息。表 8-6 是专门为企业经营沙盘竞争的商业间谍设计的一张间谍表。

表 8-6　企业经营沙盘间谍表

第______年间谍表

小组	产品研发				市场开拓					资格认证		厂房		现金	短贷				长贷				
	PI	P2	P3	P4	本地	区域	国内	亚洲	国际	ISO9000	ISO14000	大	小		1Q	2Q	3Q	4Q	1Y	2Y	3Y	4Y	5Y
A 组																							
B 组																							
C 组																							
D 组																							
E 组																							
F 组																							

小组	生产线情况								产能															
									1Q				2Q				3Q				4Q			
	手工	生产产品	半自动	生产产品	全自	产品	柔性	产品	P1	P2	P3	P4	P1	P2	P3	P4	P1	P2	P3	P4	P1	P2	P3	P4
A 组																								
B 组																								
C 组																								
D 组																								
E 组																								
F 组																								

任务3 产销平衡分析

【知识目标】

掌握生产与营销平衡分析技术。

【能力目标】

能进行生产与营销平衡。

【任务引入】

D 公司在第 2 年因为只有一条全自动线生产 P2，生产能力不足，错失了获得 P2 高价位订单的机会，所以在第 2 年经营的时候，D 公司管理层上了三条全自动线生产 P2，希望可以在第 3 年以四条全自动线生产 P2 强大的生产能力，获得多数 P2 的高价订单。可是到了第 3 年订货会的时候，D 公司发现很多竞争对手都在争夺 P2 的订单，D 公司只获得 6 个 P2 的订单，而公司一共可以产出 16 个 P2，预计会产生 10 个 P2 的产品库存，资金也将周转不灵，如果不采取措施，公司将有破产或资金断流的危险。

任务：你认为 D 公司应该如何做好生产与营销的平衡策略。

【任务分析】

企业的产品生产出来以后，如果没有及时销售出去，就不能取得收入，而且垫支的资金也不能收回，影响企业的现金流量。相反，如果市场需求很大，企业生产能力太小，无法满足市场需求，失去订单，也会影响企业的发展。所以，企业应该生产多少产品，如何将产品以最好的价格、最快的时间销售出去成为企业重点考虑的一个问题。

产品的销售面对的是一个变化而且充满竞争的市场，很多方面都存在不确定性，所以对市场的研究和把握非常重要。一般而言，在营销环节，应作好市场预测、制定科学合理的广告投放；而生产环节，应该与营销部门充分配合，适当扩大产能，满足市场需求，协助营销部门竞争到高价的订单。

【知识链接】

一、生产战略与营销战略的平衡

在新经济时代，市场环境发生了巨大变化，国际竞争日趋激烈，顾客要求日益个性化，产品生命周期不断缩短，片面强调生产或营销都难以满足企业生存和发展的需要。为了迎接竞争挑战，一种崭新的经营方式正在兴起，这便是营销战略同生产战略的整合。在企业的战略体系中，营销战略和生产战略都是职能战略，对企业战略的实施起重要的支持作用，营销战略同生产战略的整合能为企业创造最佳整体效果，所以，营销战略同生产战略之间应保持一种协调一致的关系。但是由于两部门具有不同的分工和利益，在运作中会产生很多分歧。要解决这些分歧，二者不但应在企业竞争优势的来源上达成共识，而且还应在部门决策上保持平衡。

二、营销与生产能力平衡

企业只有将产品生产出来，才能实现销售。企业也只有准确地计算出每个季度的产能，才能准确地拿单。营销和生产战略要平衡，需要营销经理、信息经理和生产运营经理共同配合，一起讨论，共同制定发展战略。

1. 营销经理准确预测市场，合理预计销售订单

实际经营中，企业要准确预测市场需求预测图，所以，企业应当对市场预测图进行充分的分析，分析各个市场上产品的预计销售数量、预计销售单价、有无销售条件的限制等。为了能准确地进行广告投放，应初步预计可能的订单数量。

在进行市场预测时，为了便于了解各个市场的情况，可以制定“市场需求预测统计表”，见表 8-7。

表 8-7 市场需求预测统计表

市场	第　年			
	产品	预计总需求量	预计单价	预定订单量
	P1			
	P2			
	P3			
	P4			

2. 信息经理要收集竞争对手资料

模拟企业应对竞争对手进行充分的了解，从对手的市场开发、预计产品可销售量、资金状况等方面分析对手可能的市场策略。

通过分析对手的市场开发情况，明确各个市场的竞争状况，可以避免浪费广告费。比如，在某年只有本组和 B 组开发了亚洲市场就没有必要投放过多的广告费。对手的市场开发情况一般可以在市场调查时获得。

通过对对手的产量情况进行分析，可以看出各种产品在市场上的竞争激烈程度。一方面可以有针对性地投放广告，更重要的是为生产和营销的平衡提供关键的信息。

对对手的产量分析，可以从对手的生产线、产品开发、资金状况等方面着手。可以设计一张产品产量预测表见表 8-8，并将分析的结果填制在预测表中。

表 8-8 第　年各组产品产量预测表

产品名称		A 组	B 组	C 组	D 组	E 组	F 组	…	合计
P1	期初库存								
	预计完工								
	合计								
P2	期初库存								
	预计完工								
	合计								
P3	期初库存								
	预计完工								
	合计								
P4	期初库存								
	预计完工								
	合计								

3. 生产运营经理做好产能规划

通过对比表 8-7 的每个产品的总需求量和表 8-8 的每个产品预测的产量合计。如果某产品的总需求大于所有公司的产量合计，那么企业可以考虑适当扩大产能，企业生产某种产品的产能最好不要超出具备生产该产品资格的公司数的平均需求数量太多，否则会面临激烈的市场竞争。如果某产品的总需求小于所有公司的产量合计，那么公司短期的策略是增加广告投入量。如果预计某产品的总需求会长期小于所有公司的产量合计，那么公司应该考虑如下两个策略。

第一个策略是把一些生产线转产其他产品，或变卖一些生产线。否则，就算短期内提高广告获得了足够的销售订单，因为对手没有获得足够的订单，就会在下一年度大幅度增加广告，让本公司竞争不到订单而产生较大量的库存，而为了清理这些库存，必然又会增加广告。如此循环，生产该产品的公司都会面临困境，最后让不生产这种产品的对手获胜。

第二个策略是在当期以较高广告获得订单后，预计到对手有较多库存，并且资金已经比较紧张，所以在下一个年度，以更高的广告获得更优势的订单，让对手产生更多的产品积压，最后使对手破产或资金断流，而使产能和市场需求得到平衡。

任务 4 盈亏平衡分析

【知识目标】

- 了解企业固定成本和直接成本。
- 掌握盈亏平衡分析方法。

【能力目标】

能进行盈亏平衡分析。

【任务引入】

公司在第 3 年的经营结束，财务经理编制完财务报表，发现有些企业利润很丰厚，有些企业仍然亏损严重。那些经营不善的公司往往把原因归结为广告投资失误、订单太少、销售额太低、没有及时贷款等。多数公司在经营的时候都是盲目的经营，并没有在经营前进行深入的分析。

任务：对公司第 3 年的经营进行盈亏平衡分析。

【任务分析】

盈亏平衡分析也称为量本利分析法，是通过分析企业生产成本、销售利润和产品数量三者之间的关系，掌握盈亏变化规律，可以指导企业选择获得最大利润的经营方案。

【知识链接】

一、盈亏平衡分析概述

盈亏平衡分析中首先把企业的生产总成本分为固定成本和变动成本（沙盘中又称为直接成本）。固定成本是指成本总额在一定时期和一定业务量范围内不受业务量增减变动影响而固定不变的成本，如固定资产折旧费、办公费等。直接成本是指成本总额在一定时期和一定业务量范围内随业务量增减变动而成正比例增减变动的成本，如直接用于产品生产的原材料、燃料和计件工资等。量本利分析法常用来进行盈亏平衡分析和经营安全状况分析。

1. *盈亏平衡方程式*

在不考虑销售税金的情况下，量、本、利三者之间的关系可以用公式表示为

销售额＝销售单价×销售量

总成本＝固定成本＋单位产品直接成本×销售量

利润＝销售单价×销售量－总成本

销售收入、成本和利润三者之间的关系如图 8-1 所示。

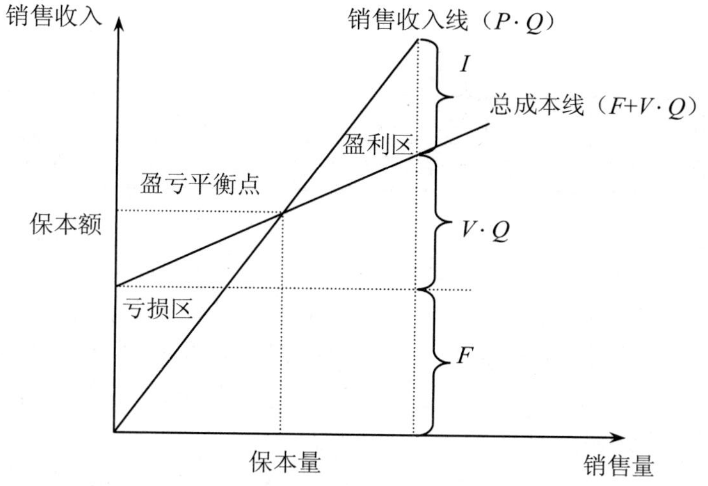

图 8-1　盈亏平衡图

由盈亏平衡图可以看出，企业销售收入与销售量成正比，在销售价格一定的情况下，销售量越多，则企业销售收入越大；企业的利润随着销售量的增减而增减，要达到预期的利润目标，必须以一定的销售量为基础。但销售量不仅受企业自身生产能力的影响，而且还受市场销售状况的制约。企业生产多少产品最能体现其生产能力和市场需求、什么样的产量水平才能保证不亏损、价格维持在什么水平最好等问题，是盈亏平衡分析的主要内容。

2. 边际贡献分析

（1）边际贡献=销售收入–直接成本。边际贡献是进行产品生产决策的一个十分重要的指标，也是人们通常所说的产品毛利。

（2）边际贡献率=（边际贡献÷销售收入）×100%。

（3）加权边际贡献率=（Σ 各产品边际贡献÷Σ 各产品销售收入）×100%。

3. 盈亏平衡分析

盈亏平衡点是企业的生产经营活动处于不盈不亏的保本状态，即 I=0。当销售量大于盈亏平衡点的销售量时，企业可以获利。当销售量小于盈亏平衡点的销售量时，企业出现亏损。求盈亏平衡时的销售量的公式如下：

$$\text{盈亏平衡销量}=\frac{\text{固定成本}}{\text{销售单价}-\text{单位产品直接成本}}$$

上面的公式还可以表示为

盈亏平衡销量=固定成本÷边际贡献率

4. 经营安全状况分析

量本利分析法还可以对企业经营安全状态进行分析。企业经营的安全状况，可以用经营安全率来表示，经营安全率的计算公式为

安全边际=正常销售额–盈亏临界点销售额

安全边际率=（安全边际÷正常销售额）×100%

可见，安全边际率越大，说明企业越安全，一般认为，安全性的范围和判断标准见表 8-9。

二、企业经营沙盘中的盈亏平衡分析

企业经营沙盘中的固定成本包括行政管理费、广告费、维护费、租金、转产费、市场开拓费、ISO 认证费、产品研发费、折旧、利息和罚款等其他支出。变动费用主要是原材料和人

工费用。

表 8-9 企业经营安全状况

经营安全率	＞30%	25%～30%	15%～25%	10%～15%	＜10%
经营安全状况	安全	比较安全	不太好	要警惕	危险

分析企业的安全边际率

以企业经营模拟第 3 年操作为例，假设在召开第 3 年新年度会议时，模拟企业的情况为：自有大厂房一间，内设四条生产线，分别为 1 条手工线（原值 5M，已计提折旧 5M，设备价值为 0）、1 条半自动线（原值 8M，已计提折旧 6M）、2 条全自动线（原值 16M，第 2 年开始生产，没有计提折旧），根据规则，在本年度，手工线不需计提折旧，半自动线需要计提折旧 1M。加工产品情况如图 8-2 所示。

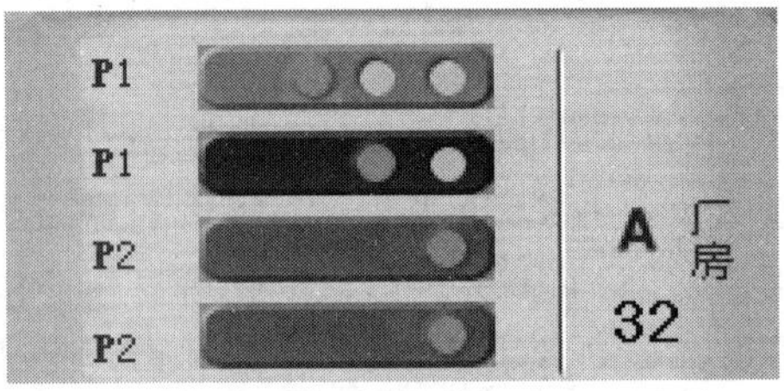

图 8-2 上年度末生产情况

原材料库存有 1 个 R1，2 个 R2；产成品库有 3 个 P1 产品，1 个 P2 产品；有 R1、R2 原材料订单各一个。财务方面：现金库有现金 21M，应收账款 9M，在 2Q 位置，长期贷款 40M，3Y，没有短期贷款，根据财务报表数据，公司权益为 40M。产品研发方面企业已经有 P1、P2 产品的生产资格，本年第三季度开始投入 P3 研发，两个季度费用 4M；市场方面：本地和区域市场已开拓，投资国内、亚洲和国际市场共 3M，ISO9000 资格刚取得，ISO14000 已经投资一年，希望继续投资 1M。另外，P1 的直接成本为 2M（1M 原材料 R1 和 1M 加工费用），P2 产品的单位直接成本为 3M（1M 原材料 R1、1M 原材料 R2 和 1M 加工费用）。

假设企业投放 7M 的广告费，竞得 4 张订单见表 8-10。

表 8-10 竞得订单登记表

编号	产品	市场	数量/个	单价/M	金额/M	账期
1	P1	本地	2	5	10	2
2	P1	本地	3	6	18	1
3	P2	本地	3	7	21	3
4	P2	区域	5	8	40	2

由于模拟企业资金不足，经营者决定柔性生产线暂时不购建。

量本利分析过程：

销售收入=10M+18M+21M+40M=89M

折旧费=手工线折旧额+半自动线折旧额+全自动线折旧额

=0+1+16/3（四舍五入）×2

=11M

固定销售费用=年初投放的广告费+市场开拓+ISO14000=7M+3M+1M=11M

固定管理费用=管理费+维护费+P3 产品研发费=4M+4M+4M=12M

财务费用=4M

直接成本=5P1 成本+8P2 成本=2M×5+3M×8=10M+24M=34M

综上可以计算总成本为=11M+11M+12M+4M+34M=72M

利润=销售收入–总成本=89M–72M=17M

第一张单 P1 的单价为 5M；第二张单 P1 的单价为 6M；第三张单 P2 的单价为 7M；第四张单 P2 的单价为 8M；计算出加权平均边际贡献率

$$=[(3/5\times10/89+4/6\times18/89+4/7\times21/89+5/8\times40/89]\times100\%=62\%$$

此状态下的盈亏临界点销售额=固定成本/边际贡献

$$=(11+11+12+4)\div62\%=61.3M$$

安全边际率=安全边际÷正常销售额×100%=(89–61.3)÷89=31.1%

说明此时这样的操作很安全。

三、分析盈亏平衡产量

上例中，公司的固定成本=折旧费+固定销售费用+固定管理费用+财务费用

$$=11M+11M+12M+4M=38M$$

根据表 8-11 的各市场需求汇总资料，加权平均计算出各产品在各市场的所有年数的平均价格为：P1=4.4M，P2=6.74M，P3=9.25M，P4=9.89M。

根据公式：

$$盈亏平衡销量=\frac{固定成本}{销售单价-单位产品直接成本}$$

计算各产品的盈亏平衡产量见表 8-11。

表 8-11　盈亏平衡产量计算表

单位：M

产品	固定成本	平均单价	直接成本	毛利	盈亏平衡产量（向上取整）
P1	38	4.4	2	2.4	16
P2	38	6.74	3	3.74	11
P3	38	9.25	4	5.25	8
P4	38	9.89	5	4.89	8

由上表可以看出，在目前的经营状况下，需要生产 16 个 P1，或 11 个 P2，或 8 个 P3，或 8 个 P4 企业才能开始获利。当然，P2 产品 2～4 年的单价要比平均高，所以前几年可能生产 7～8 个 P2 产品也能开始盈利。

四、企业盈利的途径

根据盈亏平衡分析结果，要使企业获利，通常有如下途径：

（1）控制企业的固定成本。如不要同时研发多种产品，控制研发费用；尽量避免采用利率较高的民间融资；广告应该控制在一定幅度；尽量采用效率高而折旧不是很高的全自动生产线等。

（2）同时生产两种以上产品。采用多产品组合的生产方式可以较容易地获得大于盈亏平衡产量的销售订单。

（3）多生产销售毛利高的产品。如生产第 2 到第 4 年的 P2 产品和生产 P3、P4 产品，能以较少的产量达到盈亏平衡点。

（4）在保证资金和销售订单的前提下，尽量扩大企业的产能。

总之，要让企业盈利，就是要开源节流，开源就是努力扩大销售，节流就是要尽量降低成本。

开源可以通过扩大市场范围、进行品牌认证、研发新产品、研究竞争对手、改进生产设备和增加新生产线来增加企业的销售额，通过销售额增加而使企业净利润增加，如图 8-3 所示。

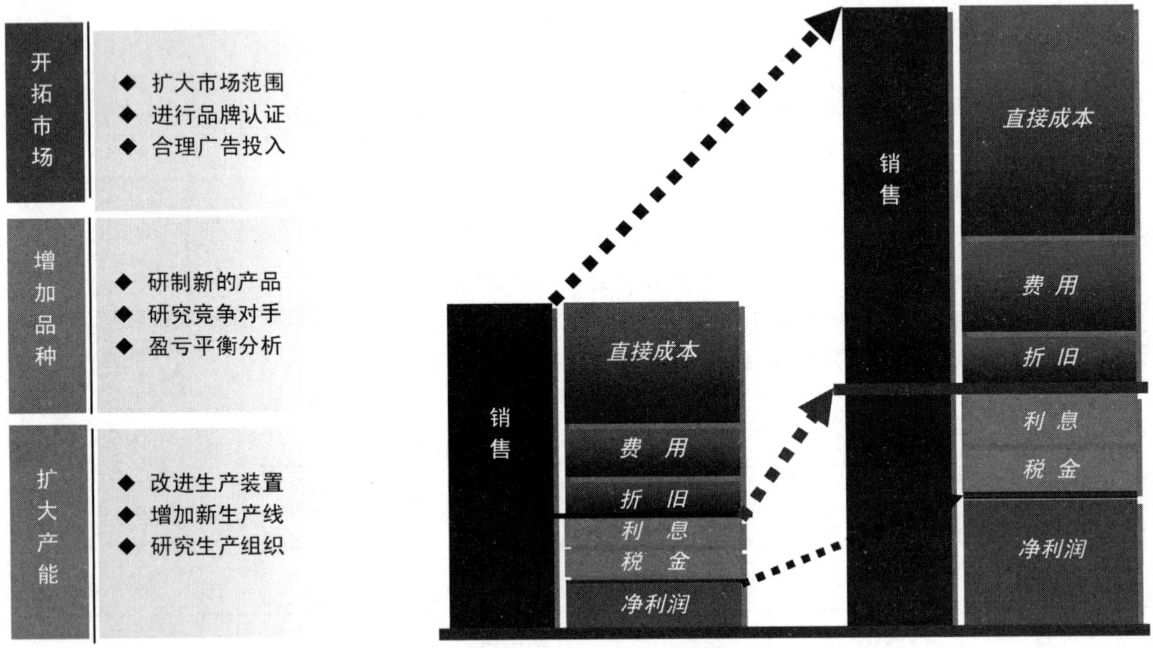

图 8-3 开源——努力扩大销售

节流可以通过降低原材料费用、加工费用、广告费用、租金维护费用、折旧费用、行政管理费用、利息费用、研发费用等各种费用而使企业的净利润增加，如图 8-4 所示。

任务 5 成本核算分析

【知识目标】

掌握各项费用的成本效益评价指标。

【能力目标】

能进行各项费用的成本效益分析。

【任务引入】

模拟企业经过 5 年的经营，投入了大量的费用，包括广告费用、市场开拓认证费用、维护费用、研发费用、财务费用和行政管理费用等，企业的经理们正在讨论在这些费用中，哪些费用对企业的经营产生良好的效益，那些费用产生的效益并不理想，并希望通过一些分析工具对这些成本费用的效益进行分析，从而对成本费用进行控制。

任务：对成本费用的效益进行分析评价，并找出导致企业成本较高的原因。

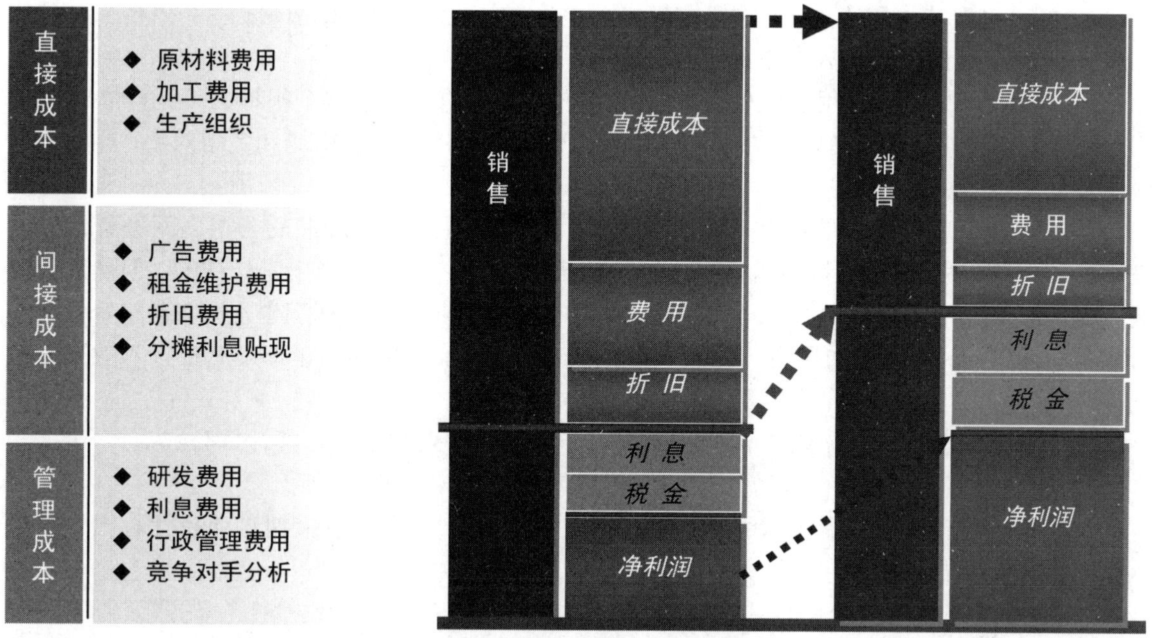

图 8-4 节流——尽力降低成本

【任务分析】

经营者可以根据电子沙盘提供的分析工具对各模拟企业的成本费用效益进行分析，通过分析找出导致企业成本较高的原因，通过改善这些因素找到让企业效益较高的经营方式，从而控制企业的成本，提高效益。

【知识链接】

成本费用的效益分析应当考虑费用的投资效益和费用的成本分摊两个因素。

1. 费用的投资效益

基本计算公式为

费用效益=总销售额÷该项费用

费用的投资效益反映的是单位费用投资（1M）带来的销售额是多少。比如广告费用效益表示 1M 广告投资产生的销售额。效益越大，表示投资回报越大。

2. 费用的成本分摊

基本计算公式为

费用成本分摊=该项费用/总销售额

费用的成本分摊是费用的投资效益的倒数，其反映的是在单位销售额当中，该项费用所占的成本比率。比如广告费用成本分摊比率为 0.23 时，说明在 1M 销售额当中，广告成本占 23%，分摊越小，成本越低。

一、广告费用效益分析

1. 广告效益分析指标

广告投放效果分析就是对广告投入的成本同广告收益的对比分析。通常用来分析广告效果的指标是广告投入产出比，其计算公式为

广告投入产出比=订单销售总额÷广告投入

如D公司在第1年本地P1产品市场投入广告2M，拿到的订单数量为3、单价为5M的订单，则D公司的广告投入产出比=15÷2=7.5，效果还不错。

广告投入产出分析是用来比较各企业在广告投入上的差异。这个指标告诉经营者：本公司与竞争对手在广告投入策略上的差异，以警示营销经理深入分析市场和竞争对手，寻求节约成本和较优策略取胜的突破口。

该方法分析广告投放效果有一定的局限性，在对于主营不同产品的公司之间进行比较意义不大。因为，对于生产不同产品的公司之间，虽然其广告的投入产出是一样的，但是由于销售额是包括产品成本在内的，不同产品的成本不同，给企业带来的利润也不同，自然企业的广告效益也应该不同，但是如果用广告投入产出比进行分析，得出的结论却是广告投入效果是相同的。

鉴于以上缺陷，可以采取广告毛利率作为分析广告效果的指标。其计算公式为

广告毛利率=订单毛利÷广告投入

这样即使生产不同产品的公司也可以直接进行比较，且可以直接通过该指标看出该项投入是否能为企业带来利润。

2. 广告费用的成本分摊

广告成本分摊=累计广告投入总额÷累计销售收入总额

3. 广告费用效益不好的原因分析

（1）市场定位不清晰。模拟企业没有进入毛利大、需求量大的市场，订单不足，单位产品毛利又不高，导致销售额不高，相对广告费用成本过高。

（2）产品定位不清晰。企业有限的生产能力主要用于生产毛利小的产品，这种低端产品造成广告费用的成本过高。

（3）对竞争对手分析不足。模拟企业经营者没有对竞争对手的生产能力和可以提供市场的产品进行细致地分析，或者盲目地去竞争“标王”，导致广告费用成本过高。

（4）缺乏费用预算控制。广告费用在财务预算的时候没有控制在销售额的一定百分比范围内，广告投入具有一定的盲目性，导致广告的成本费用过高。

模拟企业需要从以上几个方面进行改善，争取以最小的广告投入来获得价格适当，能满足企业产能的销售订单。

二、研发费用效益分析

1. 研发费用效益分析指标

研发费用效果分析就是对研发投入的成本费用同研发效果的对比分析，其分析公式为

研发费用效果分析=某产品累计销售收入÷该产品研发投入

为了对比不同产品的研发费用效果，也可以采取毛利率作为分析研发效果的指标。其计算公式为

研发效益毛利率=某产品累计毛利÷该产品研发投入

2. 研发费用成本分摊

研发费用成本分摊=某产品研发费用总投入÷该产品累计销售收入

3. 研发费用效益不好的原因分析

（1）产品定位不准。

模拟企业未对产品进行盈亏平衡点分析，对产品生命周期的思考不清晰。比如P4产品的

在第 4 年之后才能开始销售。过早投资研发会造成不合理的资金占用，达不到赢利销售量。结果势必造成研发成本过大。

（2）资源使用过于分散。

模拟企业对产品生命周期思考不清晰，经营上体现的是“遍地开花”，同时研发多个产品，受产能局限，每种产品的产能却很小，所以研发费用效益不高。每年经营必须考虑主打产品，集中优势资源对优势产品进行逐个突破。如果所有产品都不舍丢弃同时开工生产，势必造成每个产品的经营效果都不佳，研发成本过高。

由以上分析可以看出研发效益提高的思路应当是在不同时期选择毛利最高的产品为主打产品。

三、维修租金变更费用效益分析

1. 维修租金变更费用效益分析指标

维修租金变更费用效果分析就是对维修租金变更费用同模拟企业的经营效果的对比分析，其分析公式为

维修租金变更费用效果分析=累计销售收入总额÷维修租金变更费用累计总额

2. 维修租金变更费用成本分摊

维修租金变更费用成本分摊=维修租金变更费用累计总额÷累计销售收入总额

3. 维修租金变更费用效益不好的原因分析

（1）缺乏生产线投资回报意识。

所有生产线维护费用都是 1M，但每年手工生产线产能只有 1.33 个，全自动线是 4 个。产品销售额分摊 1M 维护费用时，全自动的成本一定是手工生产线的 1/3。

（2）误解资产与费用关系。

许多学员认为在企业经营沙盘经营中“租厂房”更合适。其理由是租 B 厂房的租金只有每年 3M，6 年累计是 18M，而 B 厂房的购买价格为 24M。其实购买厂房属于将流动资金转换为固定资产，并没有形成成本费用。而租金是费用，将记入成本。由于这种误解，许多模拟公司的租金成本很大，利润不高。

（3）全自动和半自动线转产费用太高。

全自动和半自动生产线转产需要一定的转产费用和转产周期，有些模拟企业在进行生产线建设的时候没有进行深入的分析，或因为市场拿单不足，就经常变更生产线，导致生产线变更费用居高不下。

由以上可以看出维护费用效益提高的思路应当是“淘汰”产能低的生产线，特别是手工生产线；租金费用效益提升的思路应当是充分利用融资手段，在资金充裕的情况下，适当考虑购买厂房，降低租金；生产线变更费用效益提升的思路是做好生产线建设规划，全自动和半自动生产线尽量不转产，仅对柔性线进行转产。

四、直接成本效益分析

1. 直接成本效益分析指标

直接成本效益分析就是直接成本费用同模拟企业的经营效果的对比分析，其分析公式为

直接成本效益分析=累计销售收入总额/直接成本费用累计总额

2. 直接成本费用分摊

直接成本费用分摊=直接成本费用累计总额/累计销售收入总额

3. 直接成本费用效益不好的原因分析

（1）未控制生产加工费用。

模拟企业如果使用手工生产线生产高端产品时，将导致加工费用加大。例如用手工线生产 P4 加工费是 3M，而全自动生产线生产 P4，加工费只有 1M。所以生产高端产品不应当使用手工生产线或者半自动生产线生产。

（2）选单时忽略订单价格。

多数模拟企业在选择订单时，对订单的价格因素考虑不够，特别是产品库存大量积压时选单往往倾向于订单数量，资金紧张时倾向于应收款期限较短的订单。而很少会考虑单价高、毛利大的订单。

由以上分析可以看出直接成本效益提高的思路是应当使用全自动生产线生产“高端产品”，选择订单应考虑销售单价因素。

五、利息贴现费用效益分析

1. 利息贴现费用效益分析指标

利息贴现费用效益分析就是对利息贴现费用同模拟企业的经营效果的对比分析，其分析公式为

利息贴现费用效益分析=累计销售收入总额/利息贴现费用累计总额

2. 利息贴现费用分摊

利息贴现费用分摊=利息贴现费用累计总额/累计销售收入总额

3. 利息贴现费用效益不好的原因分析

（1）融资策略失当。

各种贷款中利息最低的是短期贷款。如果没有做好资金链规划，没有“财务杠杆”意识，过大地进行长期贷款，甚至民间融资，利息费用势必很大。

（2）现金流控制失当。

模拟企业未能充分做好资金预算，或做好了预算但缺乏资金流控制意识。在现金流“危机”时过多地使用贴现，造成模拟企业贴现成本很大。

由以上分析可以看出财务费用效益提高的思路是应当做好企业融资的前瞻规划、资金链的实时控制。

六、行政管理费用效益分析

1. 行政管理费用效益分析指标

行政管理费用效益分析就是对行政管理费用同模拟企业的经营效果的对比分析，其分析公式为

行政管理费用效益分析=累计销售收入总额/行政管理费用累计总额

2. 行政管理费用分摊

行政管理费用分摊=行政管理费用累计总额/累计销售收入总额

3. 行政管理费用效益不好的原因分析

行政管理费用效益不好的分析因素只有 1 个：销售额太低。因为各组的行政管理费用是相同的，每年 4M。销售额大自然分摊比例小。一个企业规模做大了，实现了规模效益，各项固定成本的分摊比率自然降低。

由以上分析可以看出，降低行政管理费用成本分摊的思路就是扩大销售规模。

案例：格兰仕集团推进精益生产

对格兰仕来说，精益生产是其生存之道，更是其发展之精髓。正如集团执行总裁梁昭贤所说“精益生产是格兰仕的必由之路”。

1. 管理从分散走向集约

格兰仕从2002年开始摸索和学习精益生产模式，2003年，格兰仕提出了要学习精益管理，如目视管理、看板管理、零库存、动态管理、货品堆放等，做到降低成本，简单方便，快捷高效。

2004年2月14日，“精益生产管理培训班”正式开始授课，格兰仕从“准时化生产”（JIT）切入，掀起了“学丰田，走精益化路线”的热潮。2005年底，格兰仕实施了有史以来最大的变革，成立14个子公司，各子公司在生产上不断改进，不断创新，形成了一套独具特色的生产经营管理体系。

精益生产的核心是消灭一切“浪费”，是通过系统结构、人员组织、运行方式和市场供求等方面的变革，使生产系统能很快适应用户需求的不断变化。为了增进企业每个员工了解精益生产模式并执行这种生产模式，格兰仕管理层从上到下层层宣传贯彻，并通过劳动竞赛等方式，强化员工的意识。

2. 坚持5S法则

在推行精益生产方式过程中，格兰仕坚持5S管理（即常整理、常整顿、常清扫、常清洁、常保养），为这种生产方式提供保障。

2006年，格兰仕提出大力推进“目标管理”、打造“绩效文化”，并计划举办季度经营成果展示。在一季度经营成果展示会上，各子公司用实物、影视、图表、文字等形式展现了富有格兰仕特色的经营管理，精益生产成果颇丰。格兰仕中山家用公司将原属储运科的注塑模具仓和注塑仓归属到空调注塑车间，将原材料仓的仓库也移到车间现场，采用四位一体的管理模式，缩短模具搬运成本，原材料在现场得以分类摆放。有效地减少了人力、物力和时间的浪费，实现最低浪费和更高的综合效益。

3. 优化流程提高工效

格兰仕还在微波炉总装车间开展“站起来，提效率”活动，生产线员工全部站立式作业，撤掉所有线组长的办公桌和会议椅，各级基层管理人员走出办公室，深入基层。同时，车间按照5S要求对所有的生产线进行重新部署和划线，平均日生产效率提高了约25%。

格兰仕中山电机制造公司通过对动作分析、流程改造及工艺改造提高生产效率，全力打造“精益工程”，以实现零缺陷、零库存，优化生产线工艺。

在格兰仕（中山）电工线材有限公司总经理办公室，最引人注目的是墙上一张“动态管理图”，图表包括了生产计划推进表、送检合格率表等18个指标，可以将每天生产线上的人、机、物、料等看得清清楚楚。每天下午5点半，公司经营团队主管亲自在管理图上绘制自己区域的曲线图，进行对标分析，真正做到动态管理。

随着精益生产模式在格兰仕的步步推进，生产效率提高的同时，生产的人性化也体现了出来。格兰仕集团新闻发言人赵为民举了一个典型的例子。“生产线的工人弯腰取件，弯一次腰不觉得累，但如果一天要弯上千次腰，工人就会觉得累从而影响效率。格兰仕请来熟悉丰田生产模式的专家，从人体工程学上着手，分解和优化每一个工序。“经过优化后的工序，对生产线做了小小的改动，就能大大提高生产效率”，赵为民认为“格兰仕最终的目标就是要做到精细化、精益化。不仅仅从制造上，还要从营销、供应链、财务管理等做到精打细算。企业越大，漏洞也多，只有不断地精益求精，企业才能够在激烈的市场竞争中站稳脚跟。”

（案例来源：http://www.1mfg.com/制慧网）

拓展阅读建议

进入电子沙盘系统经营分析的“专家指导”，阅读“ITMC 电子沙盘专家指导”的第十一章预编财务报表的指导方针。

实战篇　经营表格

企业全面经营管理沙盘训练经营手册

班级	
指导老师	

姓名	学号	职位

实战经营手册第 1 年

表 9-1　第 1 年经营现金流量表

请按顺序执行下列各项操作。　　财务经理（助理）在方格中填写现金收支情况。				
经营步骤	1Q	2Q	3Q	4Q
新年度规划会议、制定新年度计划				
支付应付税				
投放广告				
参加订货会/登记销售订单				
季初现金盘点（请填余额）				
更新短期贷款/还本付息				
申请短期贷款（民间融资）				
更新应收款/归还应付款				
支付并接受已订货物/下原材料订单				
产品研发投资				
更新生产/完工入库				

续表

生产线转产					
变卖生产线					
购买生产线					
开始下一批生产					
按订单交货给客户/交违约金					
支付行政管理费					
支付利息/更新长期贷款					
申请长期贷款					
支付设备维修费					
支付租金/购买厂房					
计提折旧					
新市场开拓/ISO 资格认证投资					
关账					
现金收入合计					
现金支出合计					
期末现金对账（请计算余额）					
期末盘点	期末现金对账（请填盘面余额）				
	原材料库存（采购经理填写）				
	在制品（生产经理填写）				
	产成品库存（营销经理填写）				

表 9-2　成品估算表

产品	成品库存	预计产出	合计
P1			
P2			

表 9-3　第 1 年广告计划表

市场＼产品	P1	P2	P3	P4
本地				

表 9-4　第 1 年订单记录表

编号	产品	市场	数量	单价	金额	账期	成本	毛利	计划交货	计划回款
1										
2										
3										

表 9-5 第 1 年生产计划表

编号	生产线类型	产品	内容	本年1Q	本年2Q	本年3Q	本年4Q	下年1Q	下年2Q
L1	手工	P1	产出						
			投产						
			原材料需求						
L2	手工	P1	产出						
			投产						
			原材料需求						
L3	半自动	P1	产出						
			投产						
			原材料需求						
L4	全自动	P2	产出						
			投产						
			原材料需求						
L5	柔性线	P2/P3	产出						
			投产						
			原材料需求						
L6			产出						
			投产						
			原材料需求						
当期投产产品合计									

表 9-6 第 1 年物料采购计划表

原材料种类	内容	本年1Q	本年2Q	本年3Q	本年4Q	下年1Q	下年2Q
R1 原材料	毛需求数						
	库存						
	计划收到		—	—	—	—	—
	净需求						
	提前期	←提前一个季度下订单					
	采购计划						
R2 原材料	毛需求数						
	库存						
	计划收到		—	—	—	—	—
	净需求						
	提前期	←提前一个季度下订单					
	采购计划						

续表

原材料种类	内容	本年 1Q	本年 2Q	本年 3Q	本年 4Q	下年 1Q	下年 2Q
R3 原材料	毛需求数						
	库存						
	计划收到			—	—	—	—
	净需求						
	提前期	←提前两个季度下订单					
	采购计划						
R4 原材料	毛需求数						
	库存						
	计划收到			—	—	—	—
	净需求						
	提前期	←提前两个季度下订单					
	采购计划						
预计当期收到材料数合计							

表 9-7　第 1 年现金流预算表

经营步骤	第一季度	第二季度	第三季度	第四季度
	资金收支	资金收支	资金收支	资金收支
期初现金				
支付广告费				
支付税金				
还短贷和利息				
现金余额 1				
申请短期贷款（民间融资）				
归还应付款				
应收款收现				
产品研发投资				
买入原材料				
变卖生产线				
投资新生产线				
生产线转产				
投产费用				
现金余额 2				
按订单交货收现金或罚款				
支付行政管理费				
其他现金收支				

续表

经营步骤	第一季度	第二季度	第三季度	第四季度
	资金收支	资金收支	资金收支	资金收支
支付利息/还长贷				
申请长期贷款				
支付设备维修费				
支付租金/购买厂房				
新市场开拓				
ISO 资格认证投资				
关账				
现金收入合计				
现金支出合计				
期末现金对账（请填余额）				

表 9-8　第 1 年综合管理费用明细表

项目	金额	备注
管理费		
广告费		
维修费		
租金		
变更费		
市场准入开拓		□区域 □国内 □亚洲 □国际
ISO 资格认证		□ISO9000 □ ISO14000
产品研发		P2(　　) P3(　　) P4(　　)
合计		

表 9-9　第 1 年利润表

项目		年初	年末
销售收入	+		
直接成本	-		
毛利	=		
综合费用	-		
折旧前利润	=		
折旧	-		
支付利息前利润	=		
财务收入/支出	+/-		
营业外收入/支出	+/-		
税前利润	=		
所得税	-		
净利润	=		

表 9-10 第 1 年资产负债表

资产		年初	年末	负债+权益		年初	年末
固定资产				负债			
土地和建筑	+			长期负债	+		
机器和设备（含在建工程）	+			短期负债	+		
总固定资产	=			应收款	+		
流动资产				应交税	+		
现金	+			总负债	=		
应收款	+			权益			
在制品	+			股东资本	+		
成品	+			利润留存	+		
原料	+			年度净利	+		
总流动资产	=			所有者权益	=		
总资产	=			负债+权益	=		

实战经营手册第 2 年

表 10-1 第 2 年经营现金流量表

请按顺序执行下列各项操作。 财务经理（助理）在方格中填写现金收支情况。				
经营步骤	1Q	2Q	3Q	4Q
新年度规划会议、制定新年度计划				
支付应付税				
投放广告				
参加订货会/登记销售订单				
季初现金盘点（请填余额）				
更新短期贷款/还本付息				
申请短期贷款（民间融资）				
更新应收款/归还应付款				
支付并接受已订货物/下原材料订单				
产品研发投资				
更新生产/完工入库				
生产线转产				
变卖生产线				
购买生产线				
开始下一批生产				
按订单交货给客户/交违约金				
支付行政管理费				

续表

<table>
<tr><td colspan="2">支付利息/更新长期贷款</td><td></td><td></td><td></td><td></td></tr>
<tr><td colspan="2">申请长期贷款</td><td></td><td></td><td></td><td></td></tr>
<tr><td colspan="2">支付设备维修费</td><td></td><td></td><td></td><td></td></tr>
<tr><td colspan="2">支付租金/购买厂房</td><td></td><td></td><td></td><td></td></tr>
<tr><td colspan="2">计提折旧</td><td></td><td></td><td></td><td></td></tr>
<tr><td colspan="2">新市场开拓/ISO 资格认证投资</td><td></td><td></td><td></td><td></td></tr>
<tr><td colspan="2">关账</td><td></td><td></td><td></td><td></td></tr>
<tr><td colspan="2">现金收入合计</td><td></td><td></td><td></td><td></td></tr>
<tr><td colspan="2">现金支出合计</td><td></td><td></td><td></td><td></td></tr>
<tr><td colspan="2">期末现金对账（请计算余额）</td><td></td><td></td><td></td><td></td></tr>
<tr><td rowspan="4">期末盘点</td><td>期末现金对账（请填盘面余额）</td><td></td><td></td><td></td><td></td></tr>
<tr><td>原材料库存（采购经理填写）</td><td></td><td></td><td></td><td></td></tr>
<tr><td>在制品（生产经理填写）</td><td></td><td></td><td></td><td></td></tr>
<tr><td>产成品库存（营销经理填写）</td><td></td><td></td><td></td><td></td></tr>
</table>

表 10-2　成品估算表

产品	成品库存	预计产出	合计
P1			
P2			
P3			

表 10-3　第 2 年广告计划表

产品 / 市场	P1	P2	P3	P4
本地				
区域				

表 10-4　第 2 年订单记录表

编号	产品	市场	数量	单价	金额	账期	成本	毛利	计划交货	计划回款
1										
2										
3										
4										
5										
6										

表 10-5 第 2 年生产计划表

编号	生产线类型	产品	内容	本年1Q	本年2Q	本年3Q	本年4Q	下年1Q	下年2Q
L1			产出						
			投产						
			原材料需求						
L2			产出						
			投产						
			原材料需求						
L3			产出						
			投产						
			原材料需求						
L4			产出						
			投产						
			原材料需求						
L5			产出						
			投产						
			原材料需求						
L6			产出						
			投产						
			原材料需求						
L7			产出						
			投产						
			原材料需求						
当期投产产品合计									

表 10-6 第 2 年物料采购计划表

原材料种类	内容	本年1Q	本年2Q	本年3Q	本年4Q	下年1Q	下年2Q
R1 原材料	毛需求数						
	库存						
	计划收到		—	—	—	—	—
	净需求						
	提前期	←提前一个季度下订单					
	采购计划						
R2 原材料	毛需求数						
	库存						
	计划收到		—	—	—	—	—

续表

原材料种类	内容	本年 1Q	本年 2Q	本年 3Q	本年 4Q	下年 1Q	下年 2Q
R2 原材料	净需求						
	提前期	←提前一个季度下订单					
	采购计划						
R3 原材料	毛需求数						
	库存						
	计划收到			—	—	—	—
	净需求						
	提前期	←提前二个季度下订单					
	采购计划						
预计当期收到材料数合计							

表 10-7　第 2 年现金流预算表

经营步骤	第一季度	第二季度	第三季度	第四季度
	资金收支	资金收支	资金收支	资金收支
期初现金				
支付广告费				
支付税金				
还短贷和利息				
现金余额 1				
申请短期贷款（民间融资）				
归还应付款				
应收款收现				
产品研发投资				
买入原材料				
变卖生产线				
投资新生产线				
生产线转产				
投产费用				
现金余额 2				
按订单交货收现金或罚款				
支付行政管理费				
其他现金收支				
支付利息/还长贷				
申请长期贷款				
支付设备维修费				

续表

经营步骤	第一季度	第二季度	第三季度	第四季度
	资金收支	资金收支	资金收支	资金收支
支付租金/购买厂房				
新市场开拓				
ISO 资格认证投资				
关账				
现金收入合计				
现金支出合计				
期末现金对账（请填余额）				

表 10-8　第 2 年综合管理费用明细表

项目	金额	备注
管理费		
广告费		
维修费		
租金		
变更费		
市场准入开拓		□区域 □国内 □亚洲 □国际
ISO 资格认证		□ISO9000 □ ISO14000
产品研发		P2(　　) P3(　　) P4(　　)
合计		

表 10-9　第 2 年利润表

项目	年初	年末
销售收入		
直接成本		
毛利		
综合费用		
折旧前利润		
折旧		
支付利息前利润		
财务收入/支出		
营业外收入/支出		
税前利润		
所得税		
净利润		

表 10-10　第 2 年资产负债表

资产		年初	年末	负债+权益		年初	年末
固定资产				负债			
土地和建筑	+			长期负债	+		
机器和设备（含在建工程）	+			短期负债	+		
总固定资产	=			应收款	+		
流动资产				应交税	+		
现金	+			总负债	=		
应收款	+			权益			
在制品	+			股东资本	+		
成品	+			利润留存	+		
原料	+			年度净利	+		
总流动资产	=			所有者权益	=		
总资产	=			负债+权益	=		

实战经营手册第 3 年

表 11-1　第 3 年经营现金流量表

请按顺序执行下列各项操作。　　财务经理（助理）在方格中填写现金收支情况。				
经营步骤	1Q	2Q	3Q	4Q
新年度规划会议、制定新年度计划				
支付应付税				
投放广告				
参加订货会/登记销售订单				
季初现金盘点（请填余额）				
更新短期贷款/还本付息				
申请短期贷款（民间融资）				
更新应收款/归还应付款				
支付并接受已订货物/下原材料订单				
产品研发投资				
更新生产/完工入库				
生产线转产				
变卖生产线				
购买生产线				
开始下一批生产				
按订单交货给客户/交违约金				

续表

支付行政管理费					
支付利息/更新长期贷款					
申请长期贷款					
支付设备维修费					
支付租金/购买厂房					
计提折旧					
新市场开拓/ISO 资格认证投资					
关账					
现金收入合计					
现金支出合计					
期末现金对账（请计算余额）					
期末盘点	期末现金对账（请填盘面余额）				
	原材料库存（采购经理填写）				
	在制品（生产经理填写）				
	产成品库存（营销经理填写）				

表 11-2　成品估算表

产品	成品库存	预计产出	合计
P1			
P2			
P3			
P4			

表 11-3　第 3 年广告计划表

市场＼产品	P1	P2	P3	P4
本地				
区域				
国内				

表 11-4　第 3 年订单记录表

编号	产品	市场	数量	单价	金额	账期	成本	毛利	计划交货	计划回款
1										
2										
3										
4										

续表

编号	产品	市场	数量	单价	金额	账期	成本	毛利	计划交货	计划回款
5										
6										
7										
8										
9										
10										
11										

表 11-5　第 3 年生产计划表

编号	生产线类型	产品	内容	本年1Q	本年2Q	本年3Q	本年4Q	下年1Q	下年2Q
L1			产出						
			投产						
			原材料需求						
L2			产出						
			投产						
			原材料需求						
L3			产出						
			投产						
			原材料需求						
L4			产出						
			投产						
			原材料需求						
L5			产出						
			投产						
			原材料需求						
L6			产出						
			投产						
			原材料需求						
L7			产出						
			投产						
			原材料需求						
L8			产出						
			投产						
			原材料需求						
当期投产产品合计									

表 11-6 第三年物料采购计划表

原材料种类	内容	本年 1Q	本年 2Q	本年 3Q	本年 4Q	下年 1Q	下年 2Q
R1 原材料	毛需求数						
	库存						
	计划收到		—	—	—	—	—
	净需求						
	提前期	←提前一个季度下订单					
	采购计划						
R2 原材料	毛需求数						
	库存						
	计划收到		—	—	—	—	—
	净需求						
	提前期	←提前一个季度下订单					
	采购计划						
R3 原材料	毛需求数						
	库存						
	计划收到			—	—	—	—
	净需求						
	提前期	←提前两个季度下订单					
	采购计划						
R4 原材料	毛需求数						
	库存						
	计划收到			—	—	—	—
	净需求						
	提前期	←提前两个季度下订单					
	采购计划						
预计当期收到材料数合计							

表 11-7 第 3 年现金流预算表

经营步骤	第一季度	第二季度	第三季度	第四季度
	资金收支	资金收支	资金收支	资金收支
期初现金				
支付广告费				
支付税金				
还短贷和利息				
现金余额 1				

续表

经营步骤	第一季度	第二季度	第三季度	第四季度
	资金收支	资金收支	资金收支	资金收支
申请短期贷款（民间融资）				
归还应付款				
应收款收现				
产品研发投资				
买入原材料				
变卖生产线				
投资新生产线				
生产线转产				
投产费用				
现金余额 2				
按订单交货收现金或罚款				
支付行政管理费				
其他现金收支				
支付利息/还长贷				
申请长期贷款				
支付设备维修费				
支付租金/购买厂房				
新市场开拓				
ISO 资格认证投资				
关账				
现金收入合计				
现金支出合计				
期末现金对账（请填余额）				

表 11-8 第 3 年综合管理费用明细表

项目	金额	备注
管理费		
广告费		
维修费		
租金		
变更费		
市场准入开拓		□区域 □国内 □亚洲 □国际
ISO 资格认证		□ISO9000 □ ISO14000
产品研发		P2( ) P3( ) P4( )
合计		

表 11-9　第 3 年利润表

项目		年初	年末
销售收入	+		
直接成本	-		
毛利	=		
综合费用	-		
折旧前利润	=		
折旧	-		
支付利息前利润	=		
财务收入/支出	+/-		
营业外收入/支出	+/-		
税前利润	=		
所得税	-		
净利润	=		

表 11-10　第 3 年资产负债表

资产		年初	年末	负债+权益		年初	年末
固定资产				负债			
土地和建筑	+			长期负债	+		
机器和设备(含在建工程)	+			短期负债	+		
总固定资产	=			应收款	+		
流动资产				应交税	+		
现金	+			总负债	=		
应收款	+			权益			
在制品	+			股东资本	+		
成品	+			利润留存	+		
原料	+			年度净利	+		
总流动资产	=			所有者权益	=		
总资产	=			负债+权益	=		

实战经营手册第 4 年

表 12-1　第 4 年经营现金流量表

请按顺序执行下列各项操作。　　　　财务经理（助理）在方格中填写现金收支情况。

经营步骤	1Q	2Q	3Q	4Q
新年度规划会议、制定新年度计划				
支付应付税				

续表

投放广告				
参加订货会/登记销售订单				
季初现金盘点（请填余额）				
更新短期贷款/还本付息				
申请短期贷款（民间融资）				
更新应收款/归还应付款				
支付并接受已订货物/下原材料订单				
产品研发投资				
更新生产/完工入库				
生产线转产				
变卖生产线				
购买生产线				
开始下一批生产				
按订单交货给客户/交违约金				
支付行政管理费				
支付利息/更新长期贷款				
申请长期贷款				
支付设备维修费				
支付租金/购买厂房				
计提折旧				
新市场开拓/ISO 资格认证投资				
关账				
现金收入合计				
现金支出合计				
期末现金对账（请计算余额）				
期末盘点：期末现金对账（请填盘面余额）				
期末盘点：原材料库存（采购经理填写）				
期末盘点：在制品（生产经理填写）				
期末盘点：产成品库存（营销经理填写）				

表 12-2　成品估算表

产品	成品库存	预计产出	合计
P1			
P2			
P3			
P4			

表 12-3 第 4 年广告计划表

市场＼产品	P1	P2	P3	P4
本地				
区域				
国内				
亚洲				

表 12-4 第 4 年订单记录表

编号	产品	市场	数量	单价	金额	账期	成本	毛利	计划交货	计划回款
1										
2										
3										
4										
5										
6										
7										
8										
9										
10										
11										
12										
13										
14										
15										

表 12-5 第 4 年生产计划表

编号	生产线类型	产品	内容	本年 1Q	本年 2Q	本年 3Q	本年 4Q	下年 1Q	下年 2Q
L1			产出						
			投产						
			原材料需求						
L2			产出						
			投产						
			原材料需求						
L3			产出						
			投产						
			原材料需求						

续表

编号	生产线类型	产品	内容	本年1Q	本年2Q	本年3Q	本年4Q	下年1Q	下年2Q
L4			产出						
			投产						
			原材料需求						
L5			产出						
			投产						
			原材料需求						
L6			产出						
			投产						
			原材料需求						
L7			产出						
			投产						
			原材料需求						
L8			产出						
			投产						
			原材料需求						
当期投产产品合计									

表 12-6　第 4 年物料采购计划表

原材料种类	内容	本年1Q	本年2Q	本年3Q	本年4Q	下年1Q	下年2Q
R1 原材料	毛需求数						
	库存						
	计划收到		—	—	—	—	—
	净需求						
	提前期	←提前一个季度下订单					
	采购计划						
R2 原材料	毛需求数						
	库存						
	计划收到		—	—	—	—	—
	净需求						
	提前期	←提前一个季度下订单					
	采购计划						
R3 原材料	毛需求数						
	库存						
	计划收到			—	—	—	—

续表

原材料种类	内容	本年1Q	本年2Q	本年3Q	本年4Q	下年1Q	下年2Q
	净需求						
	提前期	←提前两个季度下订单					
	采购计划						
R4 原材料	毛需求数						
	库存						
	计划收到			—	—	—	—
	净需求						
	提前期	←提前两个季度下订单					
	采购计划						
预计当期收到材料数合计							

表 12-7 第 4 年现金流预算表

经营步骤	第一季度	第二季度	第三季度	第四季度
	资金收支	资金收支	资金收支	资金收支
期初现金				
支付广告费				
支付税金				
还短贷和利息				
现金余额 1				
申请短期贷款（民间融资）				
归还应付款				
应收款收现				
产品研发投资				
买入原材料				
变卖生产线				
投资新生产线				
生产线转产				
投产费用				
现金余额 2				
按订单交货收现金或罚款				
支付行政管理费				
其他现金收支				
支付利息/还长贷				
申请长期贷款				

续表

经营步骤	第一季度	第二季度	第三季度	第四季度
	资金收支	资金收支	资金收支	资金收支
支付设备维修费				
支付租金/购买厂房				
新市场开拓				
ISO 资格认证投资				
关账				
现金收入合计				
现金支出合计				
期末现金对账（请填余额）				

表 12-8　第 4 年综合管理费用明细表

项目	金额	备注
管理费		
广告费		
维修费		
租金		
变更费		
市场准入开拓		□区域 □国内 □亚洲 □国际
ISO 资格认证		□ISO9000 □ ISO14000
产品研发		P2(　　) P3(　　) P4(　　)
合计		

表 12-9　第 4 年利润表

项目		年初	年末
销售收入	+		
直接成本	-		
毛利	=		
综合费用	-		
折旧前利润	=		
折旧	-		
支付利息前利润	=		
财务收入/支出	+/-		
营业外收入/支出	+/-		
税前利润	=		
所得税	-		
净利润	=		

表 12-10 第 4 年资产负债表

资产		年初	年末	负债+权益		年初	年末
固定资产				负债			
土地和建筑	+			长期负债	+		
机器和设备（含在建工程）	+			短期负债	+		
总固定资产	=			应收款	+		
流动资产				应交税	+		
现金	+			总负债	=		
应收款	+			权益			
在制品	+			股东资本	+		
成品	+			利润留存	+		
原料	+			年度净利	+		
总流动资产	=			所有者权益	=		
总资产	=			负债+权益	=		

实战经营手册第 5 年

表 13-1 第 5 年经营现金流量表

请按顺序执行下列各项操作。　　　财务经理（助理）在方格中填写现金收支情况。

经营步骤	1Q	2Q	3Q	4Q
新年度规划会议、制定新年度计划				
支付应付税				
投放广告				
参加订货会/登记销售订单				
季初现金盘点（请填余额）				
更新短期贷款/还本付息				
申请短期贷款（民间融资）				
更新应收款/归还应付款				
支付并接受已订货物/下原材料订单				
产品研发投资				
更新生产/完工入库				
生产线转产				
变卖生产线				
购买生产线				
开始下一批生产				
按订单交货给客户/交违约金				
支付行政管理费				

续表

支付利息/更新长期贷款					
申请长期贷款					
支付设备维修费					
支付租金/购买厂房					
计提折旧					
新市场开拓/ISO 资格认证投资					
关账					
现金收入合计					
现金支出合计					
期末现金对账（请计算余额）					
期末盘点	期末现金对账（请填盘面余额）				
	原材料库存（采购经理填写）				
	在制品（生产经理填写）				
	产成品库存（营销经理填写）				

表 13-2　成品估算表

产品	成品库存	预计产出	合计
P1			
P2			
P3			
P4			

表 13-3　第 5 年广告计划表

产品 / 市场	P1	P2	P3	P4
本地				
区域				
国内				
亚洲				
国际				

表 13-4　第 5 年订单记录表

编号	产品	市场	数量	单价	金额	账期	成本	毛利	计划交货	计划回款
1										
2										
3										
4										
5										
6										

续表

编号	产品	市场	数量	单价	金额	账期	成本	毛利	计划交货	计划回款
7										
8										
9										
10										
11										
12										
13										
14										
15										

表 13-5　第 5 年生产计划表

编号	生产线类型	产品	内容	本年 1Q	本年 2Q	本年 3Q	本年 4Q	下年 1Q	下年 2Q
L1			产出						
			投产						
			原材料需求						
L2			产出						
			投产						
			原材料需求						
L3			产出						
			投产						
			原材料需求						
L4			产出						
			投产						
			原材料需求						
L5			产出						
			投产						
			原材料需求						
L6			产出						
			投产						
			原材料需求						
L7			产出						
			投产						
			原材料需求						
L8			产出						
			投产						
			原材料需求						
当期投产产品合计									

表 13-6 第 5 年物料采购计划表

原材料种类	内容	本年 1Q	本年 2Q	本年 3Q	本年 4Q	下年 1Q	下年 2Q
R1 原材料	毛需求数						
	库存						
	计划收到		—	—	—	—	—
	净需求						
	提前期	←提前一个季度下订单					
	采购计划						
R2 原材料	毛需求数						
	库存						
	计划收到		—	—	—	—	—
	净需求						
	提前期	←提前一个季度下订单					
	采购计划						
R3 原材料	毛需求数						
	库存						
	计划收到			—	—	—	—
	净需求						
	提前期	←提前两个季度下订单					
	采购计划						
R4 原材料	毛需求数						
	库存						
	计划收到			—	—	—	—
	净需求						
	提前期	←提前两个季度下订单					
	采购计划						
预计当期收到材料数合计							

表 13-7 第 5 年现金流预算表

经营步骤	第一季度	第二季度	第三季度	第四季度
	资金收支	资金收支	资金收支	资金收支
期初现金				
支付广告费				
支付税金				
还短贷和利息				
现金余额 1				
申请短期贷款（民间融资）				

续表

经营步骤	第一季度	第二季度	第三季度	第四季度
	资金收支	资金收支	资金收支	资金收支
归还应付款				
应收款收现				
产品研发投资				
买入原材料				
变卖生产线				
投资新生产线				
生产线转产				
投产费用				
现金余额 2				
按订单交货收现金或罚款				
支付行政管理费				
其他现金收支				
支付利息/还长贷				
申请长期贷款				
支付设备维修费				
支付租金/购买厂房				
新市场开拓				
ISO 资格认证投资				
关账				
现金收入合计				
现金支出合计				
期末现金对账（请填余额）				

表 13-8 第 5 年综合管理费用明细表

项目	金额	备注
管理费		
广告费		
维修费		
租金		
变更费		
市场准入开拓		□区域 □国内 □亚洲 □国际
ISO 资格认证		□ISO9000 □ ISO14000
产品研发		P2( ) P3( ) P4( )
合计		

表 13-9　第 5 年利润表

项目		年初	年末
销售收入	+		
直接成本	-		
毛利	=		
综合费用	-		
折旧前利润	=		
折旧	-		
支付利息前利润	=		
财务收入/支出	+/-		
营业外收入/支出	+/-		
税前利润	=		
所得税	-		
净利润	=		

表 13-10　第 5 年资产负债表

资产		年初	年末	负债+权益		年初	年末
固定资产				负债			
土地和建筑	+			长期负债	+		
机器和设备（含在建工程）	+			短期负债	+		
总固定资产	=			应收款	+		
流动资产				应交税	+		
现金	+			总负债	=		
应收款	+			权益			
在制品	+			股东资本	+		
成品	+			利润留存	+		
原料	+			年度净利	+		
总流动资产	=			所有者权益	=		
总资产	=			负债+权益	=		

实战经营手册第 6 年

表 14-1　第 6 年经营现金流量表

请按顺序执行下列各项操作。　　　　财务经理（助理）在方格中填写现金收支情况。

经营步骤	1Q	2Q	3Q	4Q
新年度规划会议、制定新年度计划				
支付应付税				

续表

投放广告					
参加订货会/登记销售订单					
季初现金盘点（请填余额）					
更新短期贷款/还本付息					
申请短期贷款（民间融资）					
更新应收款/归还应付款					
支付并接受已订货物/下原材料订单					
产品研发投资					
更新生产/完工入库					
生产线转产					
变卖生产线					
购买生产线					
开始下一批生产					
按订单交货给客户/交违约金					
支付行政管理费					
支付利息/更新长期贷款					
申请长期贷款					
支付设备维修费					
支付租金/购买厂房					
计提折旧					
新市场开拓/ISO 资格认证投资					
关账					
现金收入合计					
现金支出合计					
期末现金对账（请计算余额）					
期末盘点	期末现金对账（请填盘面余额）				
	原材料库存（采购经理填写）				
	在制品（生产经理填写）				
	产成品库存（营销经理填写）				

表 14-2 成品估算表

产品	成品库存	预计产出	合计
P1			
P2			
P3			
P4			

表 14-3　第 6 年广告计划表

市场 \ 产品	P1	P2	P3	P4
本地				
区域				
国内				
亚洲				
国际				

表 14-4　第 6 年订单记录表

编号	产品	市场	数量	单价	金额	账期	成本	毛利	计划交货	计划回款
1										
2										
3										
4										
5										
6										
7										
8										
9										
10										
11										
12										
13										
14										
15										

表 14-5　第 6 年生产计划表

编号	生产线类型	产品	内容	本年 1Q	本年 2Q	本年 3Q	本年 4Q	下年 1Q	下年 2Q
L1			产出						
			投产						
			原材料需求						
L2			产出						
			投产						
			原材料需求						
L3			产出						
			投产						
			原材料需求						

续表

编号	生产线类型	产品	内容	本年1Q	本年2Q	本年3Q	本年4Q	下年1Q	下年2Q
L4			产出						
			投产						
			原材料需求						
L5			产出						
			投产						
			原材料需求						
L6			产出						
			投产						
			原材料需求						
L7			产出						
			投产						
			原材料需求						
L8			产出						
			投产						
			原材料需求						
当期投产产品合计									

表 14-6　第 6 年物料采购计划表

原材料种类	内容	本年1Q	本年2Q	本年3Q	本年4Q	下年1Q	下年2Q
R1 原材料	毛需求数						
	库存						
	计划收到		—	—	—	—	—
	净需求						
	提前期	←提前一个季度下订单					
	采购计划						
R2 原材料	毛需求数						
	库存						
	计划收到		—	—	—	—	—
	净需求						
	提前期	←提前一个季度下订单					
	采购计划						
R3 原材料	毛需求数						
	库存						
	计划收到			—	—	—	—

续表

原材料种类	内容	本年 1Q	本年 2Q	本年 3Q	本年 4Q	下年 1Q	下年 2Q
R3 原材料	净需求						
	提前期	←提前两个季度下订单					
	采购计划						
R4 原材料	毛需求数						
	库存						
	计划收到			—	—	—	—
	净需求						
	提前期	←提前两个季度下订单					
	采购计划						
预计当期收到材料数合计							

表 14-7 第 6 年现金流预算表

经营步骤	第一季度	第二季度	第三季度	第四季度
	资金收支	资金收支	资金收支	资金收支
期初现金				
支付广告费				
支付税金				
还短贷和利息				
现金余额 1				
申请短期贷款（民间融资）				
归还应付款				
应收款收现				
产品研发投资				
买入原材料				
变卖生产线				
投资新生产线				
生产线转产				
投产费用				
现金余额 2				
按订单交货收现金或罚款				
支付行政管理费				
其他现金收支				
支付利息/还长贷				
申请长期贷款				
支付设备维修费				

续表

经营步骤	第一季度	第二季度	第三季度	第四季度
	资金收支	资金收支	资金收支	资金收支
支付租金/购买厂房				
新市场开拓				
ISO资格认证投资				
关账				
现金收入合计				
现金支出合计				
期末现金对账（请填余额）				

表14-8 第6年综合管理费用明细表

项目	金额	备注
管理费		
广告费		
维修费		
租金		
变更费		
市场准入开拓		□区域 □国内 □亚洲 □国际
ISO资格认证		□ISO9000 □ ISO14000
产品研发		P2( ) P3( ) P4( )
合计		

表14-9 第6年利润表

项目		年初	年末
销售收入	+		
直接成本	-		
毛利	=		
综合费用	-		
折旧前利润	=		
折旧	-		
支付利息前利润	=		
财务收入/支出	+/-		
营业外收入/支出	+/-		
税前利润	=		
所得税	-		
净利润	=		

表 14-10　第 6 年资产负债表

资产		年初	年末	负债+权益		年初	年末
固定资产				负债			
土地和建筑	+			长期负债	+		
机器和设备（含在建工程）	+			短期负债	+		
总固定资产	=			应收款	+		
流动资产				应交税	+		
现金	+			总负债	=		
应收款	+			权益			
在制品	+			股东资本	+		
成品	+			利润留存	+		
原料	+			年度净利	+		
总流动资产	=			所有者权益	=		
总资产	=			负债+权益	=		

实战经营手册第 7 年

表 15-1　第 7 年经营现金流量表

请按顺序执行下列各项操作。　　　　财务经理（助理）在方格中填写现金收支情况。

经营步骤	1Q	2Q	3Q	4Q
新年度规划会议、制定新年度计划				
支付应付税				
投放广告				
参加订货会/登记销售订单				
季初现金盘点（请填余额）				
更新短期贷款/还本付息				
申请短期贷款（民间融资）				
更新应收款/归还应付款				
支付并接受已订货物/下原材料订单				
产品研发投资				
更新生产/完工入库				
生产线转产				
变卖生产线				
购买生产线				
开始下一批生产				
按订单交货给客户/交违约金				

续表

	支付行政管理费				
	支付利息/更新长期贷款				
	申请长期贷款				
	支付设备维修费				
	支付租金/购买厂房				
	计提折旧				
	新市场开拓/ISO 资格认证投资				
	关账				
	现金收入合计				
	现金支出合计				
	期末现金对账（请计算余额）				
期末盘点	期末现金对账（请填盘面余额）				
	原材料库存（采购经理填写）				
	在制品（生产经理填写）				
	产成品库存（营销经理填写）				

表 15-2　成品估算表

产品	成品库存	预计产出	合计
P1			
P2			
P3			
P4			

表 15-3　第 7 年广告计划表

产品 市场	P1	P2	P3	P4
本地				
区域				
国内				
亚洲				
国际				

表 15-4　第 7 年订单记录表

编号	产品	市场	数量	单价	金额	账期	成本	毛利	计划交货	计划回款
1										
2										
3										

续表

编号	产品	市场	数量	单价	金额	账期	成本	毛利	计划交货	计划回款
4										
5										
6										
7										
8										
9										
10										
11										
12										
13										
14										
15										
16										
17										
18										

表 15-5　第 7 年生产计划表

编号	生产线类型	产品	内容	本年 1Q	本年 2Q	本年 3Q	本年 4Q	下年 1Q	下年 2Q
L1			产出						
			投产						
			原材料需求						
L2			产出						
			投产						
			原材料需求						
L3			产出						
			投产						
			原材料需求						
L4			产出						
			投产						
			原材料需求						
L5			产出						
			投产						
			原材料需求						
L6			产出						
			投产						
			原材料需求						

续表

编号	生产线类型	产品	内容	本年 1Q	本年 2Q	本年 3Q	本年 4Q	下年 1Q	下年 2Q
L7			产出						
			投产						
			原材料需求						
L8			产出						
			投产						
			原材料需求						
当期投产产品合计									

表 15-6　第 7 年物料采购计划表

原材料种类	内容	本年 1Q	本年 2Q	本年 3Q	本年 4Q	下年 1Q	下年 2Q
R1 原材料	毛需求数						
	库存						
	计划收到		—	—	—	—	—
	净需求						
	提前期	←提前一个季度下订单					
	采购计划						
R2 原材料	毛需求数						
	库存						
	计划收到		—	—	—	—	—
	净需求						
	提前期	←提前一个季度下订单					
	采购计划						
R3 原材料	毛需求数						
	库存						
	计划收到			—	—	—	—
	净需求						
	提前期	←提前两个季度下订单					
	采购计划						
R4 原材料	毛需求数						
	库存						
	计划收到			—	—	—	—
	净需求						
	提前期	←提前两个季度下订单					
	采购计划						
预计当期收到材料数合计							

表 15-7　第 7 年现金流预算表

经营步骤	第一季度	第二季度	第三季度	第四季度
	资金收支	资金收支	资金收支	资金收支
期初现金				
支付广告费				
支付税金				
还短贷和利息				
现金余额 1				
申请短期贷款（民间融资）				
归还应付款				
应收款收现				
产品研发投资				
买入原材料				
变卖生产线				
投资新生产线				
生产线转产				
投产费用				
现金余额 2				
按订单交货收现金或罚款				
支付行政管理费				
其他现金收支				
支付利息/还长贷				
申请长期贷款				
支付设备维修费				
支付租金/购买厂房				
新市场开拓				
ISO 资格认证投资				
关账				
现金收入合计				
现金支出合计				
期末现金对账（请填余额）				

表 15-8　第 7 年综合管理费用明细表

项目	金额	备注
管理费		
广告费		
维修费		

续表

项目	金额	备注
租金		
变更费		
市场准入开拓		□区域 □国内 □亚洲 □国际
ISO 资格认证		□ISO9000 □ ISO14000
产品研发		P2( ) P3( ) P4( )
合计		

表 15-9 第 7 年利润表

项目		年初	年末
销售收入	+		
直接成本	-		
毛利	=		
综合费用	-		
折旧前利润	=		
折旧	-		
支付利息前利润	=		
财务收入/支出	+/-		
营业外收入/支出	+/-		
税前利润	=		
所得税	-		
净利润	=		

表 15-10 第 7 年资产负债表

资产		年初	年末	负债+权益		年初	年末
固定资产				负债			
土地和建筑	+			长期负债	+		
机器和设备(含在建工程)	+			短期负债	+		
总固定资产	=			应收款	+		
流动资产				应交税	+		
现金	+			总负债	=		
应收款	+			权益			
在制品	+			股东资本	+		
成品	+			利润留存	+		
原料	+			年度净利	+		
总流动资产	=			所有者权益	=		
总资产	=			负债+权益	=		

实战经营手册第 8 年

表 16-1　第 8 年经营现金流量表

请按顺序执行下列各项操作。		财务经理（助理）在方格中填写现金收支情况。			
经营步骤		1Q	2Q	3Q	4Q
新年度规划会议、制定新年度计划					
支付应付税					
投放广告					
参加订货会/登记销售订单					
季初现金盘点（请填余额）					
更新短期贷款/还本付息					
申请短期贷款（民间融资）					
更新应收款/归还应付款					
支付并接受已订货物/下原材料订单					
产品研发投资					
更新生产/完工入库					
生产线转产					
变卖生产线					
购买生产线					
开始下一批生产					
按订单交货给客户/交违约金					
支付行政管理费					
支付利息/更新长期贷款					
申请长期贷款					
支付设备维修费					
支付租金/购买厂房					
计提折旧					
新市场开拓/ISO 资格认证投资					
关账					
现金收入合计					
现金支出合计					
期末现金对账（请计算余额）					
期末盘点	期末现金对账（请填盘面余额）				
	原材料库存（采购经理填写）				
	在制品（生产经理填写）				
	产成品库存（营销经理填写）				

表 16-2　成品估算表

产品	成品库存	预计产出	合计
P1			
P2			
P3			
P4			

表 16-3　第 8 年广告计划表

产品 市场	P1	P2	P3	P4
本地				
区域				
国内				
亚洲				
国际				

表 16-4　第 8 年订单记录表

编号	产品	市场	数量	单价	金额	账期	成本	毛利	计划交货	计划回款
1										
2										
3										
4										
5										
6										
7										
8										
9										
10										
11										
12										
13										
14										
15										

表 16-5　第 8 年生产计划表

编号	生产线类型	产品	内容	本年1Q	本年2Q	本年3Q	本年4Q	下年1Q	下年2Q
L1			产出						
			投产						
			原材料需求						
L2			产出						
			投产						
			原材料需求						
L3			产出						
			投产						
			原材料需求						
L4			产出						
			投产						
			原材料需求						
L5			产出						
			投产						
			原材料需求						
L6			产出						
			投产						
			原材料需求						
L7			产出						
			投产						
			原材料需求						
L8			产出						
			投产						
			原材料需求						
当期投产产品合计									

表 16-6　第 8 年物料采购计划表

原材料种类	内容	本年1Q	本年2Q	本年3Q	本年4Q	下年1Q	下年2Q
R1 原材料	毛需求数						
	库存						
	计划收到		—	—	—	—	—
	净需求						
	提前期	←提前一个季度下订单					
	采购计划						

续表

原材料种类	内容	本年 1Q	本年 2Q	本年 3Q	本年 4Q	下年 1Q	下年 2Q
R2 原材料	毛需求数						
	库存						
	计划收到		—	—	—	—	—
	净需求						
	提前期	←提前一个季度下订单					
	采购计划						
R3 原材料	毛需求数						
	库存						
	计划收到			—	—	—	—
	净需求						
	提前期	←提前两个季度下订单					
	采购计划						
R4 原材料	毛需求数						
	库存						
	计划收到			—	—	—	—
	净需求						
	提前期	←提前两个季度下订单					
	采购计划						
预计当期收到材料数合计							

表 16-7　第 8 年现金流预算表

经营步骤	第一季度	第二季度	第三季度	第四季度
	资金收支	资金收支	资金收支	资金收支
期初现金				
支付广告费				
支付税金				
还短贷和利息				
现金余额 1				
申请短期贷款（民间融资）				
归还应付款				
应收款收现				
产品研发投资				
买入原材料				

续表

经营步骤	第一季度	第二季度	第三季度	第四季度
	资金收支	资金收支	资金收支	资金收支
变卖生产线				
投资新生产线				
生产线转产				
投产费用				
现金余额 2				
按订单交货收现金或罚款				
支付行政管理费				
其他现金收支				
支付利息/还长贷				
申请长期贷款				
支付设备维修费				
支付租金/购买厂房				
新市场开拓				
ISO 资格认证投资				
关账				
现金收入合计				
现金支出合计				
期末现金对账（请填余额）				

表 16-8　第 8 年综合管理费用明细表

项目	金额	备注
管理费		
广告费		
维修费		
租金		
变更费		
市场准入开拓		□区域 □国内 □亚洲 □国际
ISO 资格认证		□ISO9000　□ ISO14000
产品研发		P2(　　) P3(　　) P4(　　)
合计		

表 16-9 第 8 年利润表

项目		年初	年末
销售收入	+		
直接成本	-		
毛利	=		
综合费用	-		
折旧前利润	=		
折旧	-		
支付利息前利润	=		
财务收入/支出	+/-		
营业外收入/支出	+/-		
税前利润	=		
所得税	-		
净利润	=		

表 16-10 第 8 年资产负债表

资产		年初	年末	负债+权益		年初	年末
固定资产				负债			
土地和建筑	+			长期负债	+		
机器和设备（含在建工程）	+			短期负债	+		
总固定资产	=			应收款	+		
流动资产				应交税	+		
现金	+			总负债	=		
应收款	+			权益			
在制品	+			股东资本	+		
成品	+			利润留存	+		
原料	+			年度净利	+		
总流动资产	=			所有者权益	=		
总资产	=			负债+权益	=		

表 17-1　最后一年盘面截图

请用“Print Screen”键把最后一年的盘面截图粘贴到 word 文档，打印后✂，并贴到本页	
粘贴处	操作步骤： 1．先建立一个 word 文档，并打开； 2．打开最后一年的沙盘界面，按“Print Screen”键； 3．将沙盘盘面最小化，把鼠标定位在 word 文档，右击“粘贴”； 4．打开沙盘最后一年界面，点击“关账”，弹出有分数、利润表和资产负债表的界面，重复第 2、3 步骤，把分数盘面粘贴到 word 文档的同一个页面上； 5．打印并裁剪后用胶水贴到本页

表 17-2　企业经营管理沙盘实训总结

（　　　～　　　学年第　　学期）

专业		班级		组别	
教学地点		教学周		任课教师	
岗位	姓名	学号	岗位	姓名	学号

公司总结（企业战略、经营计划与实施情况，遇到的问题和解决方法；不少于 300 字）

总经理（岗位职责、收获等方面总结，不少于 100 字）

财务部（岗位职责、收获等方面总结，不少于 100 字）

生产部（岗位职责、收获等方面总结，不少于 100 字）

营销部（岗位职责、收获等方面总结，不少于 100 字）

采购部（岗位职责、收获等方面总结，不少于 100 字）

教师评分：

评分人：　　　　　　　　　　　　　　　年　　月　　日

附录一　企业经营沙盘模拟规则测试题

一、单选题（共 20 题，每题 4 分）

1．标注有“加急”字样的订单要求在当年的（　　）交货。

A．第一季度　　B．第二季度

C．第三季度　　D．任何一个季度

2．普通订单要求在当年的（　　）交货。

A．第一季度　　B．第二季度

C．第三季度　　D．任何一个季度

3．如果不能按时交货，交货时将扣除该张订单总额的（　　）（四舍五入取整）作为违约金。

A．15%　　B．20%

C．25%　　D．30%

4．订单上的账期代表客户收货时货款的交付方式，若为 0 账期，则现金付款；若为 4 账期，代表客户（　　）个季度后才能付款。

A．0　　B．4

C．任何一个　　D．以上答案都不正确

5．市场开拓在每年的年末进行，每年只能进行一次，每次投入（　　），（　　）加速开拓。

A．1M，能　　B．1M，不能

C．2M，能　　D．2M，不能

6．原材料可以批量采购，如果是 5 个以下，则是现金支付；如果是 11～15 个，则可以（　　）个账期后支付。

A．1　　B．2

C．3　　D．4

7．原料采购必须要有采购提前期，R1、R2 原料需要（　　）个季度的采购提前期，R3、R4 需要（　　）个季度的采购提前期。

A．1，2　　B．2，1

C．0，1　　D．1，0

8．全自动生产线需要（　　）个安装周期。

A．1Q　　B．2Q

C．3Q　　D．4Q

9．手工生产线出售残值为（　　）。

A．1M　　B．2M

C．3M　　D．4M

10．半自动生产线出售残值为（　　）。

A．1M　　B．2M

C. 3M　　D. 4M

11. 半自动生产线的变更周期为（　）；全自动生产线的变更周期为（　）。

A. 1Q，2Q　　B. 2Q，2Q

C. 2Q，1Q　　D. 1Q，1Q

12. 生产不同的产品需要的原料不同，P3 所用到的原料及数量为（　）。

A. 1 个 R1 和 1 个 R2　　B. 2 个 R1 和 1 个 R2

C. 2 个 R2 和 2 个 R3　　D. 2 个 R2 和 1 个 R3

13. P4 所用到的原料及数量为（　）。

A. 1 个 R2、1 个 R3 和 1 个 R4　　B. 2 个 R2、1 个 R3 和 2 个 R4

C. 1 个 R2、1 个 R3 和 2 个 R4　　D. 2 个 R2 、1 个 R3 和 1 个 R4

14. 产品上线时需要支付加工费，半自动线在生产 P1、P2、P3、P4 这四种产品的加工费分别是（　）。

A. 1M、2M、3M、4M　　B. 2M、1M、2M、1M

C. 2M、2M、1M、1M　　D. 1M、1M、2M、2M

15. 每条生产线每年需付（　）的维护费。

A. 1M　　B. 2M

C. 3M　　D. 4M

16. 支付税金时，先弥补前 5 年的亏损，然后按照税前利润乘以（　），按四舍五入取整。

A. 15%　　B. 20%

C. 25%　　D. 30%

17. 长期贷款的还款规则是每年付息，到期还本，年利率为（　）。

A. 15%　　B. 5%

C. 10%　　D. 20%

18. 产房出售后，不能立刻收到现金，而是产生（　）个季度的应收账款。

A. 1　　B. 2

C. 3　　D. 4

19. 贴现时按 7 的倍数取应收账款，其中（　）需要支付贴现费用。

A. 1/7　　B. 2/7

C. 3/7　　D. 4/7

20. 如果民间融资 20M，到期时，还本付息共（　）。

A. 21　　B. 22

C. 23　　D. 24

二、判断题（共 10 题，每题 2 分）

1. 如果订单上标注了“ISO9000”或“ISO14000”，那么生产单位必须取得相应认证，才能得到这张订单。（　）

2. 市场开拓需要每年连续投入。（　）

3. 可以同时研发所有的产品，但不可以选择部分产品进行研发，也不能加速研发。（　）

4．若某个市场在开拓中，但还没完全开拓完，不可以在下一年度里参与该市场的竞单。（　）

5．生产线购买采用一次性付款的方式。（　）

6．短期贷款如果到期后，需要归还本金，并支付利息，利率为 5%。（　）

7．当年新安装的生产线也计提折旧。（　）

8．折旧=设备价值/3，向下取整，当设备价值下降至 3M 时，每年折旧 1M。（　）

9．每个季度必须缴纳 1M 的行政管理费。（　）

10．无论短期贷款、长期贷款还是民间融资，均以 10M 为最低基本贷款单位。（　）

附录二　企业经营沙盘教学建议

企业经营沙盘模拟训练课程的学时一般在28～36学时之间，如果基于手工沙盘进行训练，由于学员一开始就需要编制各种报表，进度非常慢，往往整个课程只经营了一轮六个年度，在经营过程中学习和体验的管理方法和策略难于得到运用，很多学员总希望再来一遍。经过多年的教学探索，建议在ITMC企业经营沙盘系统下，可以进行两轮企业经营沙盘推演：第一轮同时用电子沙盘和手工沙盘推演4～6年，每一年循序渐进讲解各种计划和报表的编制，系统可以设置竞赛模式，向学员公布报表，在学员经营的体验和总结中，引出经营策略和分析工具，本轮经营以体验和训练为主；第二轮只用电子沙盘推演6～8年，本轮推演是运用第一轮推演中学到的方法、策略和工具，建议采用教学模式，不公开报表，要求每年年初学员先制定计划再经营，经营结束后，需要编制财务报表。具体教学进度建议见附表2-1。

附表2-1　教学进度表

年份	内容	学时	学员工作	教师工作	重点岗位
准备年和初始年	企业经营沙盘课程概述	0.5	听讲	讲授	全部成员
	组建团队并进行分工	1.5	分组、讨论、沟通、分工、团队展示	巡回指导	全部成员
	设置初始状态	0.5	根据电子沙盘盘面，将相应道具摆放到手工沙盘盘面	讲解道具并初始化第0年	全部成员
	初始年经营和规则讲解	3.5	按流程进行初始年经营，每一步骤操作前，先点击电子沙盘规则，阅读、熟悉规则，并完成教程中规则训练表。课后进行规则测试	引导和适当讲解、分发道具	全部成员
学时小计		6			
训练第1年	分析市场预测图	1	根据市场预测图填写市场分析表，包括每个市场1～6年的需求数量、单价和毛利	巡回指导	全部成员
	投放广告、竞单	0.5	制定第1年广告计划和选单	操作电子沙盘	全部成员
	投放广告策略和选单策略	0.5	根据第1年广告和选单情况总结经验，课后阅读教材	根据广告和竞单简要讲解	营销经理 生产运营经理
	进行第1年经营	1	按流程和生产经营经营	巡回指导和分发道具，小结	全部成员
	竞争对手分析		利用课间进行对手情况分析		全部成员
训练第2年	投放广告、竞单	0.5	制定第2年广告计划和选单	操作电子沙盘	营销经理
	编制生产计划	1	根据订单制定生产计划	先讲授，后指导	生产运营经理
	进行第2年经营	1	按流程和生产经营经营	巡回指导和分发道具，小结	全部成员
	市场开拓策略、产品开发策略、产销平衡分析	0.5	根据教师讲授总结经验，课后阅读教材	简要讲授	营销经理 生产运营经理

续表

年份	内容	学时	学员工作	教师工作	重点岗位
训练第3年	投放广告、竞单	0.5	制定第 3 年广告计划和选单	操作电子沙盘	营销经理
	编制生产计划、采购计划	1	根据订单制定生产计划、采购计划	先讲授，后指导	生产运营经理 采购经理
	进行第 3 年经营 编制利润表	1	按流程和生产经营经营，按照经营成果编制利润表	巡回指导和分发道具，小结	全部成员
	固定资产投资策略、盈亏平衡分析	0.5	根据教师讲授总结经验，课后阅读教材	简要讲授	总经理 生产运营经理 营销经理
训练第4年	投放广告、竞单	0.5	制定第 4 年广告计划和选单	操作电子沙盘	营销经理
	编制生产计划、采购计划和财务预算	1	根据订单制定生产计划、采购计划和财务预算	先讲授，后指导	生产运营经理 采购经理 财务经理
	进行第 4 年经营 编制利润表和资产负债表	1	按流程和生产经营经营，按照经营成果编制利润表和资产负债表	巡回指导和分发道具，小结	全部成员
	融资策略、SWOT 分析	0.5	根据教师讲授总结经验，课后阅读教材	简要讲授	总经理 生产运营经理 营销经理
训练第5年	投放广告、竞单	0.5	制定第 5 年广告计划和选单	操作电子沙盘	营销经理
	编制生产计划、采购计划和财务预算	1	根据订单制定生产计划、采购计划和财务预算，预估利润和权益，预算下一年	先讲授，后指导	生产运营经理 采购经理 财务经理
	进行第 5 年经营 编制利润表和资产负债表	1	按流程和生产经营经营，按照经营成果编制利润表和资产负债表	巡回指导和分发道具，小结	全部成员
	柔性线管理策略、成本核算分析	0.5	根据教师讲授总结经验，课后阅读教材	简要讲授	全部成员
训练第6年	投放广告、竞单	0.5	制定第 6 年广告计划和选单	操作电子沙盘	营销经理
	编制生产计划、采购计划和财务预算	1	根据订单制定生产计划、采购计划和财务预算，调整采购和交货顺序，优化财务预算	先讲授，后指导	生产运营经理 采购经理 财务经理
	进行第 6 年经营 编制利润表和资产负债表	1	按流程和生产经营经营，按照经营成果编制利润表和资产负债表	巡回指导和分发道具，小结	全部成员
	企业总体战略、财务分析	0.5	根据教师讲授总结经验，课后阅读教材	简要讲授	全部成员
学时小计		18	注：学时不足的，可以训练四年，后两年内容要求学生自学		
实战经营 6～8 年，建议仅采用电子沙盘		8～12	学生运用第一轮的方法和策略经营模拟企业，要求每年度先做好全部计划再经营，年末要做好财务报表	巡回指导	全部成员

附录三　ITMC 企业经营管理沙盘模拟系统试用申请

ITMC 企业经营管理沙盘模拟系统是中教畅享（北京）科技有限公司开发的第三代沙盘模拟系统。系统采用“三位一体”的教学模式：首先以电子沙盘引导，减轻教学强度，控制教学秩序；同时进行物理沙盘操作，提高学生学习兴趣，增加学生参与感；最后电子沙盘分析点评，提升学习效果，降低教学难度。本沙盘模拟系统以制造企业为背景，将学员分成若干个团队，每个团队数人，各代表着 CEO、财务总监、市场经理、生产运营经理和采购经理等管理角色。每个团队经营一个拥有销售良好、资金充裕的虚拟公司，连续从事数个会计年度的经营活动。通过直观的企业沙盘，模拟企业实际运行状况，内容涉及企业整体战略、产品研发、生产、市场、销售、财务管理、团队协作、绩效考核等多个方面，让学员在游戏般的训练中体验完整的企业经营过程，感悟正确的经营思路和管理理念。在经营决策中，学员们将遇到企业经营中常出现的各种典型问题，学员们必须一同发现机遇，分析问题，制定决策，公司才能保持成功及不断的成长。

中教畅享（北京）科技有限公司简介

中教畅享（北京）科技有限公司位于北京中关村高新科技园区，是国家认定的高新科技企业、双软（软件产品、软件企业）认证企业，专注于以就业为导向的教学资源和教学软件开发。公司以“从企业实践中来，到教育实践中去”为经营理念，用信息技术弥补理论与实践间的鸿沟，以“明道•优术”为己任。公司以“隐性知识显性化、显性知识结构化、结构性知识软件化”为研发路线，研发了 20 多个获得软件著作权认证的软件产品，目前拥有 500 多家高校客户。公司提供面向工业企业的企业经营管理沙盘、面向服务业的物流企业经营管理沙盘、面向商业的全程电子商务沙盘三类博弈类沙盘以及其他经济管理类专业实训解决方案。

附录四　ITMC 电子沙盘操作控制方法

一、初始化第壹年数据

步骤一：打开管理员控制平台。

步骤二：点击“初始化第壹年数据”选项卡（附图 4-1），进行第壹年数据还原。

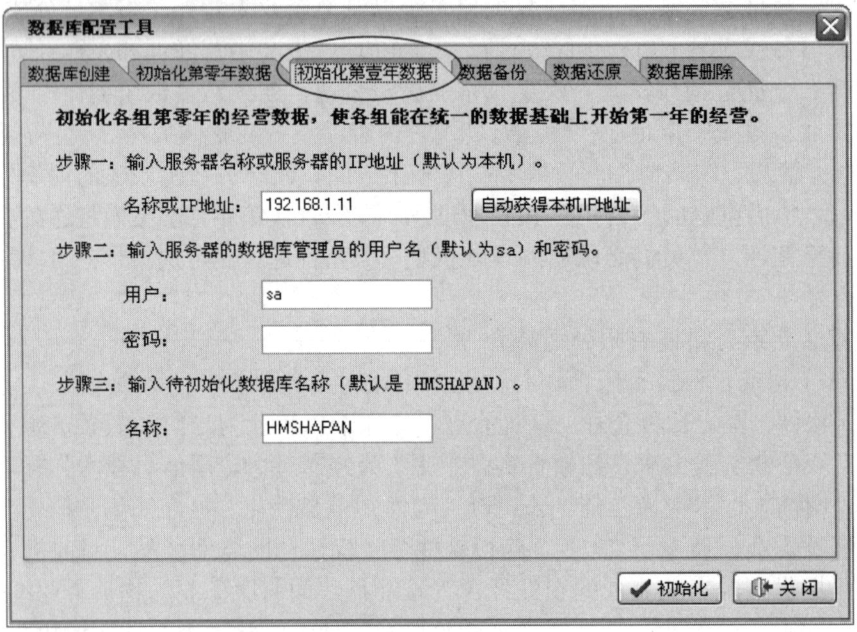

附图 4-1　“初始化第壹年数据”选项卡

步骤三：点击“初始化”按钮，系统提示“确定初始化第壹年数据吗？”，点击“确定”，系统自动恢复第壹年数据，初始化完毕后，系统提示“初始化第壹年数据成功！”，点击 OK 即可。

二、设置权限

打开教师指导平台，点击“系统”，不允许所有特殊任务。

三、设置参与组数

打开教师指导平台，点击“系统”下的“设置参与组数”，如附图 4-2 所示，根据需要设置组数。

四、开始经营

点击“系统”下的“开始经营”命令。

五、竞单

步骤一：点击“系统”下的“竞单监控”（如附图 4-3）或者点击电子沙盘分析页面中的“竞单”按钮。

步骤二：在“广告方案提交情况指示区”监控广告方案提交情况。

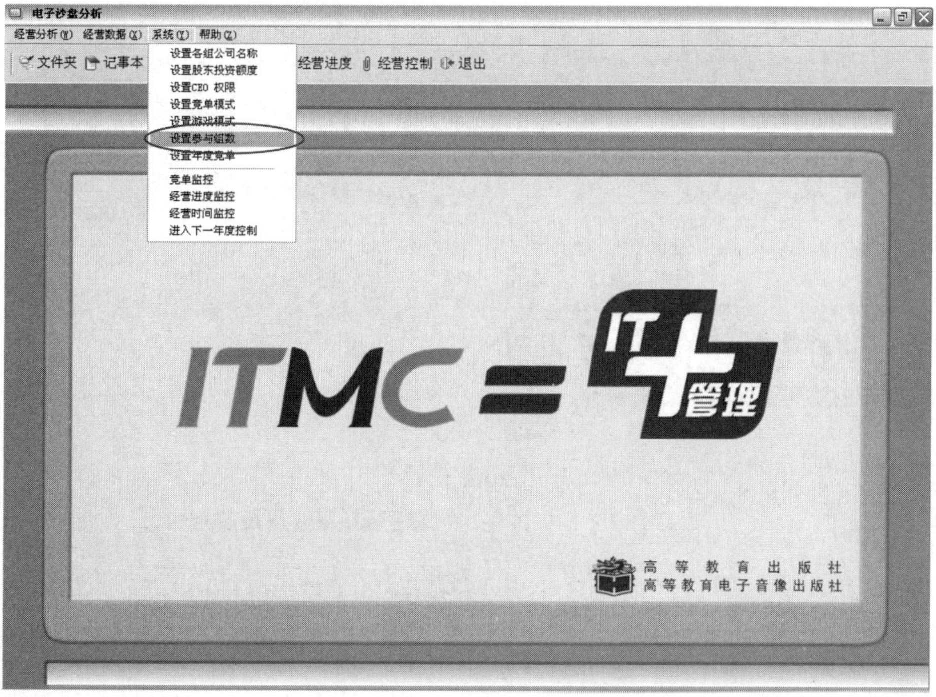

附图 4-2　设置参与组数

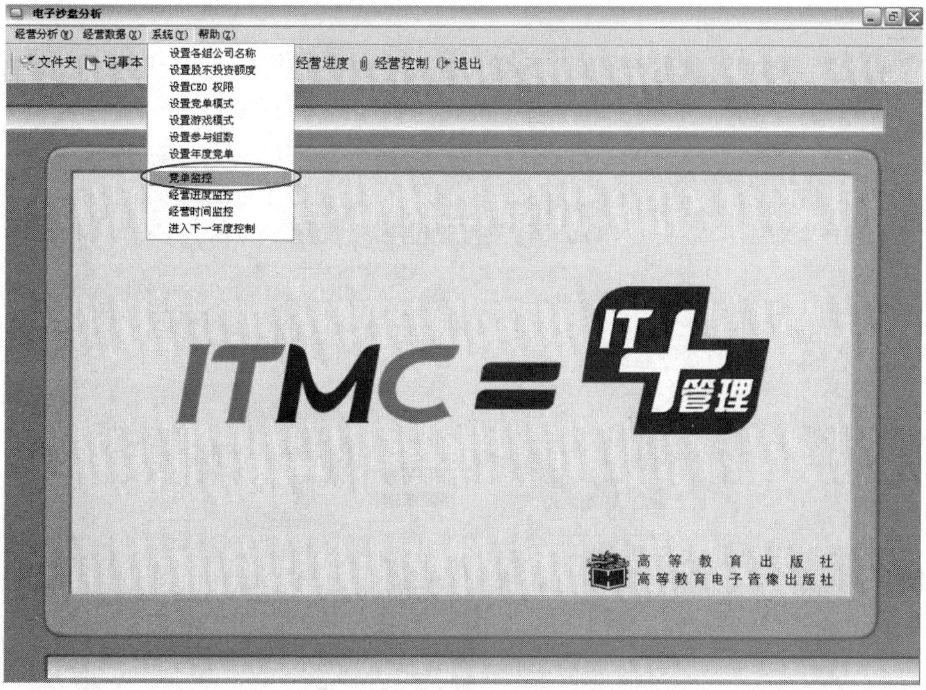

附图 4-3　“竞单监控”选项

步骤三：各组广告方案提交完毕后，点击“开始竞单”按钮，学员训练平台便可以进行产品竞单的选择；竞单过程可以点击“刷新”按钮进行查看；竞单结束，点击“结束竞单”按钮后，学员方可进入正常的生产经营活动中，如附图 4-4 所示。

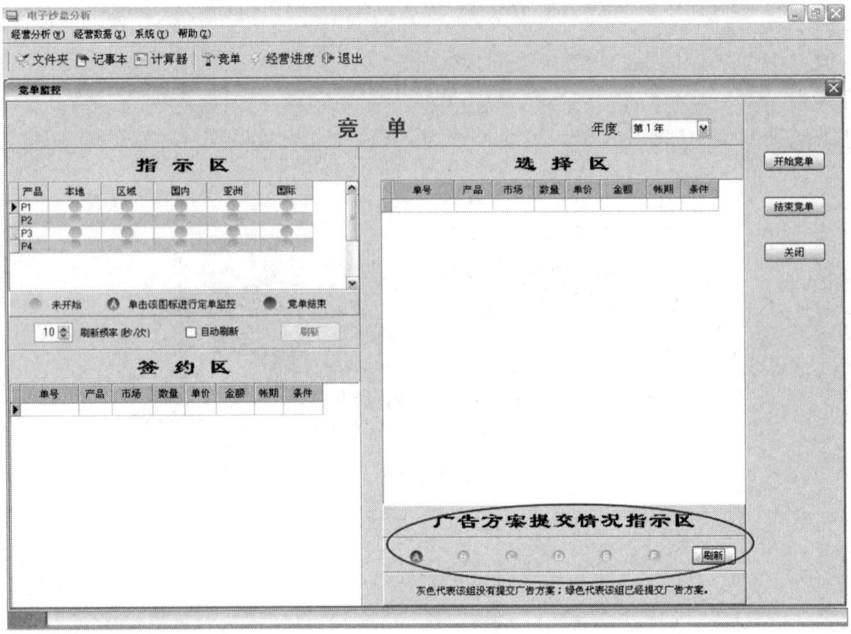

附图 4-4　竞单监控页面

六、经营进度监控

点击“系统”下的“经营进度监控”，或者点击电子沙盘分析页面中的“经营进度”按钮。

七、进入下一年度控制

点击“系统”下的“进入下一年度”后学员控制平台才可以进行下一年度的生产经营活动。

步骤一：点击“系统”下的“进入下一年度控制”命令，如附图 4-5 所示。

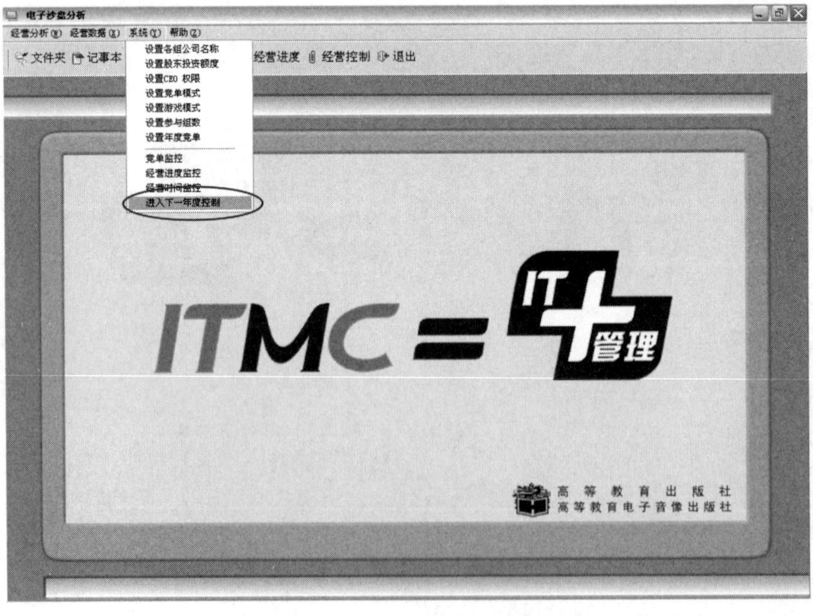

附图 4-5　进入下一年度控制

步骤二：点击“确认”按钮，如附图 4-6 所示，系统提示“设置成功！”，点击 OK 返回电子沙盘分析总界面。

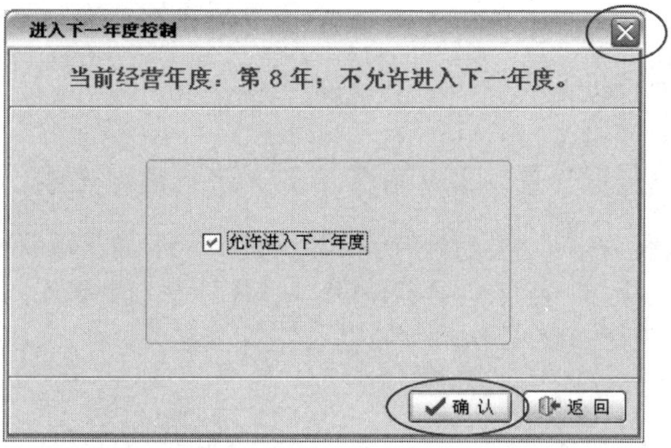

附图 4-6 “确认”进入下一年度控制

八、数据备份

数据备份是指将数据备份到指定文件中去，如果因课时中断或者数据库损坏，可以通过“数据还原”将备份的数据进行恢复。

步骤一：打开管理员控制平台。

步骤二：点击“数据备份”选项卡，如附图 4-7 所示，进行数据备份。

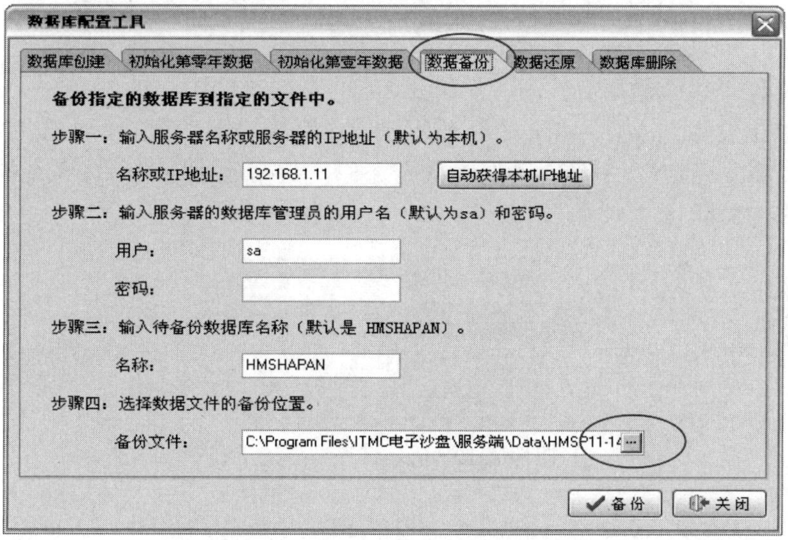

附图 4-7 “数据备份”选项卡

在“备份文件”栏选择数据备份的位置，如 E 盘的沙盘数据备份目录下。

点击“备份”按钮，系统提示“确定备份数据吗？”(如附图 4-8 所示)，点击“确定”，系统自动进行数据备份，数据备份完毕后，系统提示 “备份数据库成功!”，点击 OK 即可。

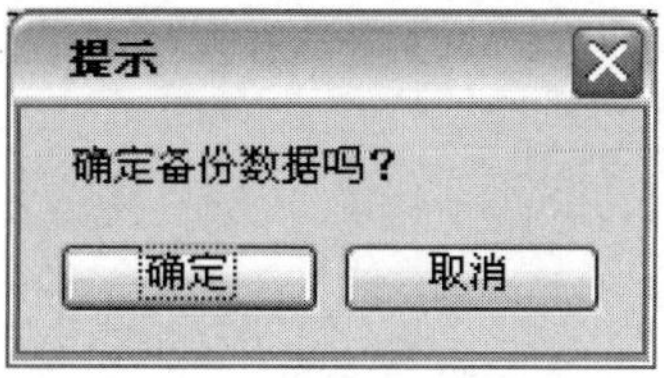

附图 4-8 确定备份数据提示

九、数据还原

数据还原是指将以前备份的数据还原到数据库中。

步骤一：打开管理员控制平台。

步骤二：点击“数据还原”选项卡（附图 4-9），进行数据还原。

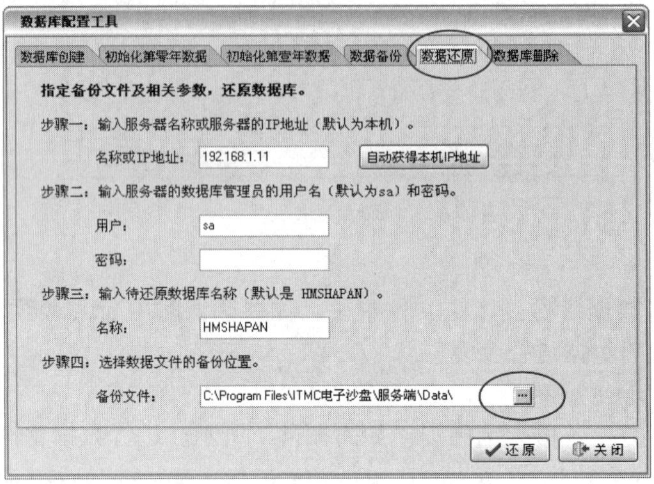

附图 4-9　“数据还原”选项卡

在“备份文件”栏中选择文件的备份位置。

步骤三：以上设置完成后，点击“还原”按钮，系统提示“确定还原数据吗？”（如附图 4-10 所示），点击“确定”，系统自动进行数据还原，数据还原完毕后，系统提示“还原数据库成功！”，点击 OK 即可。

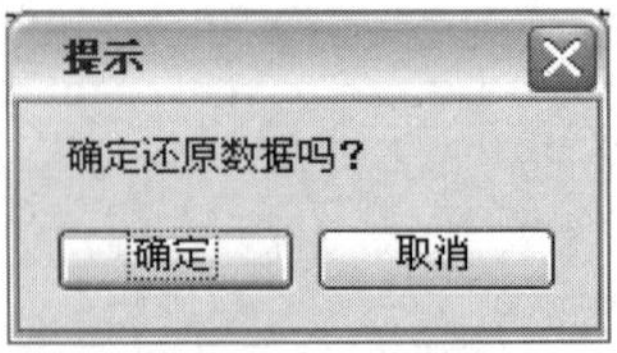

附图 4-10　确定还原数据提示

参考文献

[1] 邓文博，曾苑．企业经营管理沙盘模拟实训教程[M]．2 版．北京：化学工业出版社，2016．

[2] 陈冰．企业经营决策沙盘实战教程[M]．北京：高等教育出版社，2012．

[3] 叶剑明．ERP 沙盘模拟实战[M]．北京：中国财政经济出版社，2011．

[4] 曲建国．现代企业管理[M]．北京：清华大学出版社，2013．